Geert Hoste naar de Letter

Geert Hoste
naar de Letter

Uitgeverij
VRIJ
DAG

© Geert Hoste & Uitgeverij Vrijdag
Sint-Elisabethstraat 38a – 2060 Antwerpen
www.uitgeverijvrijdag.be
www.geerthoste.be

Omslagontwerp: Veronique Puts
Vormgeving: TheSwitch, Antwerpen

NUR 370
ISBN 978 94 6001 090 3
D/2010/11.676/88

Het paleis

Languit lig ik op de bank. Het is drie uur in de middag en vanavond treed ik op in het Paleis voor Schone Kunsten in Brussel. De telefoon rinkelt. Op het schermpje van mijn gsm verschijnt 'privénummer'. Dat is meestal een redactie die snel nog een oneliner wil bij iets uit de actualiteit, of mijn nieuwjaarswensen, of wil weten wat ik ga doen op oudejaarsavond of welk boek er op mijn nachttafel ligt of wat dé gebeurtenis is van het voorbije jaar, of... Ik laat bellen, maar zet het geluid af. De beller gaat lang door, maar geeft het uiteindelijk op. Genoeg in de bladen gestaan de voorbije paar maanden, nu nog even relaxen. In de stemming komen voor de voorstelling en de televisieopname. Eventjes nog, niets aan mijn hoofd hebben en tijd maken om de prullenmand in mijn bovenkamer te ledigen.

Verdorie, daar gaat de telefoon weer. Weer 'privénummer'.
Ik duw op het knopje 'weiger'. Nog voor ik mijn mobieltje
heb neergelegd, gaat die weer. Ik weiger nog eens. Tevergeefs,
de aanbeller wint. Maar hij of zij zal het geweten hebben. Ik
neem het gesprek aan en open met de vriendelijke sneer 'wat
is er nu weer?'

Aan de andere kant een korte stilte. Een mannenstem
vraagt onzeker: 'Spreek ik met Geert Hoste?' Ik hoor een
zwaar accent, maar denk er niet bij na: 'En wie bent u?'

Weer een korte stilte: 'Het is prins Laurent.'

Ik schiet in een zelf verzonnen protocolmodus: 'Ha, mon-
seigneur, wat een verrassing.' Ik trek mijn mooiste glimlach,
hoewel dat aan de telefoon natuurlijk niets uitmaakt.

'Ik had beloofd u te bellen.' Inderdaad, vier maanden geleden hadden we elkaar ontmoet en telefoonnummers uitge-
wisseld. De prins zou me bellen om eens naar een voorstelling te komen. Vandaag was dus die dag. En waar en wanneer
ik nog eens optrad.

Ik moet geen seconde nadenken: 'U zal zich moeten haasten, vanavond speel ik mijn laatste voorstelling in Brussel, in
het Paleis voor Schone Kunsten...'

'Oei, ik pols even bij mijn vrouw of we een babysit kunnen regelen, want de kinderen hebben iets met de pokken of de rode hond. Ik bel u zo meteen terug.'

Na vijf minuten rinkelt mijn gsm weer. Ik lees 'privénummer' en neem onmiddellijk op. 'Meneer Hoste, het is prins Laurent. Mijn vrouw en ik zullen vanavond komen.' Ik leg neer en lach naar mijn vrouw: 'Je raadt nooit wie er vanavond naar de voorstelling komt...' Een prins maakt nog altijd meer indruk op meisjes.

Mijn telefoon rinkelt opnieuw. Weer prins Laurent: 'Excuseer, maar in welke paleis was het precies?'

Waarom vrouwen huilen

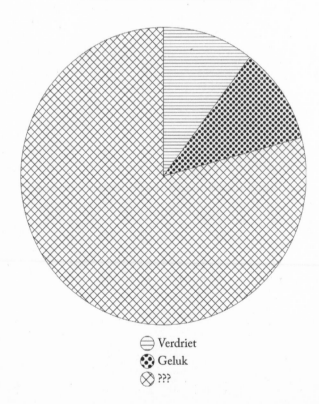

⊖ Verdriet
✪ Geluk
⊗ ???

De Italiaanse versie van Antwerpen-Blankenberge

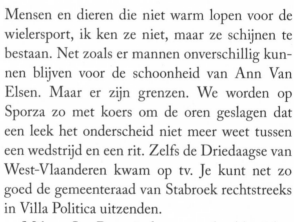

Mensen en dieren die niet warm lopen voor de wielersport, ik ken ze niet, maar ze schijnen te bestaan. Net zoals er mannen onverschillig kunnen blijven voor de schoonheid van Ann Van Elsen. Maar er zijn grenzen. We worden op Sporza zo met koers om de oren geslagen dat een leek het onderscheid niet meer weet tussen een wedstrijd en een rit. Zelfs de Driedaagse van West-Vlaanderen kwam op tv. Je kunt net zo goed de gemeenteraad van Stabroek rechtstreeks in Villa Politica uitzenden.

Milaan-San Remo is de eerste echte klassieker van het seizoen. 'De primavera is de prima vera!' zoals Michel Wuyts het zou zeggen. En gelijk heeft hij, want met alle respect, de Omloop Het Volk (of Omloop Het Nieuwsblad) is geen klassieker. Dat is de cartingomloop langs de A12 op gelijke hoogte zetten met het F1-stratencircuit van Monaco. Het enige noemenswaardige aan 'den Omloop' is een persbericht dat ik ooit onder ogen kreeg waarin stond dat de wielerwedstrijd Gent-Gent de komende jaren zou aankomen in... Gent. Dan weet je het wel.

Milaan-San Remo komt aan in San Remo. Voor de fijnproevers van het Italiaanse lied, het Blankenberge van de Ligurische kust! En vermits Milaan in de gespecialiseerde pers steeds weer de titel 'modestad' opgespeld krijgt, noem ik Milaan het Antwerpen van het zuiden. Milaan-San Remo is dus de Italiaanse versie van Antwerpen-Blankenberge.

Het is ook de openingsklassieker, maar daarmee is alles gezegd. Traditioneel horen we Karl Vannieuwkerke kirren dat de beslissing valt tijdens de beklimming of de afzink van de Poggio. Bij een saaie rit slaagt Karl er zelfs in om de brug over de IJzer in Diksmuide als de Mont Ventoux te omschrijven. De Poggio... in Italië heeft elk dorp met een bult een poggio.

Milaan-San Remo is leuk voor vijf minuten: de aankomst, de daaropvolgende chaos en de Italiaanse schoonheidskoninginnen. Voor de rest maakt het niet uit dat je tijdens de koers een black-out hebt van vijf uur. Je kunt die wedstrijd zelfs volgen in coma. Tijdens die koers kun je de auto wassen, de krant lezen of, zoals het hoort op zaterdag, languit liggen snurken. Geen wonder dat antisnurkmiddel Silence en matrassen van Energetics het wielrennen het ideale uithangbord vinden voor hun koopwaar.

De renners vinden deze klassieker een gok. Milaan-San Remo: dat is met andere woorden Snurken en gokken. Kortom: Silence Lotto!

Propere billen

Tijdens een openbare verkoop bracht een drol van kunstenaar Wim Delvoye 7500 euro op. Je kunt in België beter beleggen in een drol dan bij de banken. We moeten echter uitkijken met ons imago in het buitenland, want we zijn volledig aan het afzinken naar het rioolputje. In de wereld weten ze al dat ons nationaal symbool Manneken Pis is, maar we moeten niet gaan overdrijven. Op de cover van het gratis boek van Dimitri Verhulst staat een urinoir. Sporzauitzendingen worden op televisie afgesloten met drie mannen die nog vlug eens naar de wc moeten. Wim Delvoye heeft zich een kasteel willen kopen in Wallonië dankzij de Cloaca, een machine die drollen maakt. Paul D'Hoore moest Studio Brussel promoten op de wei van Werchter met een koeienvlaai. Het monument van Vlaanderen dat de Monumentenprijs heeft gewonnen? De riolen van Antwerpen... In het buitenland denken ze ondertussen: wat voor vies land is dat daar eigenlijk? In de buitenlandse reisgidsen las ik wel eens: 'België, 't is een mooi land, je kunt er lekker eten, maar pas op met de wc's!'

Alleszins wereldberoemd zijn onze openbare toiletten. Ik weet niet of het nu nog zo is, maar ik herinner mij nog van toen ik op school zat en met de trein pendelde. Je mocht blij zijn als er nog wc-papier was. Je mocht al blij zijn dat er een wc-pot stond. En wist je hoe je het zag dat er geen pot stond? Omdat er meestal zelfs geen deur meer was. En reizigers wreven het aan de muren. Dat zijn van die mensen die denken, het is het station, we gaan sporen achterlaten. Het hing zelfs tot aan het plafond. Blijft voor mij een mysterie. Hoe doet je dat, dat je het tot daar krijgt? Ik spreek hier over de jaren 1970, Cirque du Soleil bestond nog niet.

Weet je wat mij het meest fascineert bij die openbare toiletten? Dat is dat er gebruikers zijn die alles wat min of meer los of vast zit, stelen. Een blaadje papier, dat snap ik nog, je kunt nooit weten. Maar je hebt mensen die terwijl ze bezig zijn, vlotjes een schroevendraaier uit hun zak opdissen en

13

denken: 'Plopperdeplop, dat slotje kan ik meenemen voor thuis.'

Ik ben in stations geweest en in openbare gebouwen waar de volledige voordeur weg was. Hoe doe je dat? Mij ga je niet vertellen dat je onopgemerkt door een station kunt wandelen met een losgeschroefde wc-deur? 'Pardon, excuseer, mag ik eens door?' En zo de trein op, lalala, die deur mooi naast jou... Ik ga eens naar zee... Me and my door, lalala... En de kaartjesknipper komt langs: 'Mag ik uw ticketje, alstublieft? Ja, merci. Die deur moet geen hebben, die werkt bij de spoorwegen.'

Je hebt ook mensen die wc-brillen meenemen. Dat vind ik heel markant. Dan loop je naar de trein: 'Ik heb nog 3 minuutjes, ik ga die wc-bril nog meepakken.' Hoe smokkel je ongezien een wc-bril door een mensenmassa? Je krijgt dat toch niet in je binnenzak? Loop je ermee om de arm zoals een designer handtas? Kijk, een echte Brabantia!

En dan zijn er ook nog de rechtoplopende zoogdieren die uit openbare toiletten de wc-borstel meepikken. Jawel, de gebruikte wc-borstel. Wat is er mis met ons onderwijs, dat je zoiets doet? Waar is het misgegaan in de minimumlonen dat hygiëne en kleptomanie op zo'n manier worden gecombineerd?

Waar en hoe stop je zo'n borstel weg? Toch niet in je binnenzak, want de steel zou er blijven uitsteken. Ik heb nog nooit iemand in het station zien lopen. 'Haha, weer een voor mijn collectie, haha.' Waarom doe je dat? Moet je gaan eten bij je lief en zijn de bloemenwinkels al gesloten? Leg je die langs een plas en probeer je als een jager een wc-eend te lokken?

Jaren geleden startte toenmalig premier Guy Verhofstadt met de operatie 'Propere Handen'. We moeten dringend werkmaken van de operatie 'Propere Billen'.

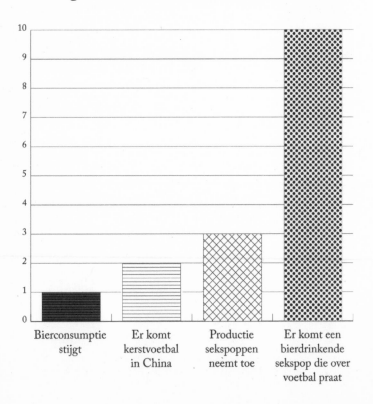

Gevolgen van het mannenoverschot in China

Pimp my semiklassieker

Zijn er wielrennersvrouwen die met plezier ieder jaar weer de beker van de E3-prijs of Brabantse Pijl uit de trofee-enkast van manlief halen en er met de stofdoek over wrijven? Ik durf te wedden dat ze gelukkiger zouden zijn mochten deze wedstrijden namen dragen als de Louis Vuitton Classic of Prada Spring Trophy. Dagelijks zou de Swiffer er over dansen! Nu we weer om de oren geslagen worden met Expo 58 en de ouderwetse kijk op het moderne leven, moeten de organisatoren van voornoemde klassiekers maar eens werk maken van een nieuwe en sexy naam. Niets klinkt zo vergankelijk als Garage Moderne, Carwash 2000, Frituur Millennium en Ishtar. Natuurlijk dat een kermiskoers zoals de Scheldeprijs van Schoten geen internationale allure heeft waar de wereld-

17

top zich verdringt om aan de start te verschijnen. Noem die
wedstrijd The Antwerp Diamond Bicycle Race en het is in
de sjacoche! Schenk diegene die drie keer op rij wint een fiets
met diamanten bezet! Of nog iets veel duurders: een fiets van
Eddy Merckx.

Het wielrennen doet er werkelijk alles aan om zichzelf
onaantrekkelijk te maken. Je kan toch geen volk lokken met
het aura van Vlaamse semiklassieker. Het klinkt zo half iets.
Zo half niets. Zo aantrekkelijk als de 'Erotische avonturen
van Kabouter Plop' of 'het allerbeste van Jo Vally'. En dan
heb ik het nog niet over de tot de verbeelding sprekende
plaatsnamen waar de aankomstlijn ligt: Harelbeke en Alsemberg. Veel verder dan een betaalde advertentie in de folder
van Vlaanderen Vakantieland zullen deze toeristische parels
nooit geraken.

Geen kwaad woord over Harelbeke, het is een stad waar
veel gewaardeerde Vlamingen gebaard werden en waar ik
helemaal in het begin van mijn onemanshows met open armen
ontvangen werd. Sommige dingen vergeet je nooit. Maar het
is en blijft Harelbeke. Met zijn pijp- en tabaksmuseum en
godbetert, het museum van de vinkensport. Suskewiet-city!

Het zou me niet verbazen dat de meest actuele culinaire specialiteit... een gerecht op grootmoeders wijze is. Alsemberg herinner ik me dan weer als de lintbebouwing, die we tijdens mijn legerdienst op een nacht moesten overvallen. We liepen er niet met boog en Brabantse pijl maar met Waalse machinegeweren door de straten. Tussen 10 uur 's avonds en 5 uur 's morgens in volle Bende van Nijvel-periode! Ik heb er geen levende ziel gezien. Ieder jaar moet ik deze wedstrijd weer uitzitten voor tv en zien hoe de renners langs de kerkmuur scheuren en hoe iets als de 'Bruine Put' als een attractie wordt voorgesteld. Verander toch die naam van La Flèche Brabançonne. En kom niet af met de suggestie van Yves Leterme: La Flèche Marseillaise. Of de Grand Prix Louis Tobback.

'Je moet geld lenen bij pessimisten, die verwachten toch nooit dat je terugbetaalt'

Exclusief interview met Trudy, de geit van Leterme

(Sint-Jan) **Het heeft nogal wat voeten in de aarde gehad, maar het is gelukt: een exclusief gesprek met Trudy, de hoogzwangere lievelingsgeit van Yves Leterme. 'Ik schuw de publiciteit, maar voor dit boek wil ik wel eens mekkeren.'**

Ondanks de opwarming van de aarde laat de lente op zich wachten, ook in de Westhoek. Als we de privéweide op wandelen merk ik dat Trudy vrij onrustig is. Ze krabt over de grond en gaat liggen om vervolgens weer op te staan. Knarsetandend begroet ze me, als ik het poortje achter me dicht sla. Vermits dit een teken is dat geiten gaan bevallen, informeer ik eerst naar het welzijn van 's lands eerste geit.

Hoe is het met de zwangerschap?
Och, dat lammeren zal nog niet voor vanmiddag zijn, maar ik hou niet van maandagen. Het is altijd iets. Ik heb het gevoel dat een zevende van mijn leven een maandag is. Op een maandagmorgen vertelde Julie (nvdr de dochter van Yves Leterme) dat Yves nog maar eens een bok had geschoten. Van politiek ken ik niets maar die bok bracht me op gedachten.

Hoe reageerde Yves toen je vertelde dat je zwanger was?
Hij was van het Lam Gods geslagen.

Na deze diepzinnige uitspraak herkauwt Trudy een minuutje of tien voordat ze haar blik weer aandachtig op de microfoon richt.

Heb je schrik dat je leven erg verandert, met Yves zo vaak op staatsbezoek?
Weet je, huisdieren van grote leiders worden niet verwaarloosd, daar heb ik alle vertrouwen in. In die zin ben ik beter af dan mijn soortgenoten. De Queen heeft haar hondjes, George Bush zijn Spot, Clinton zijn Socks en Sarkozy zijn Claudia. Ik zit er niet mee, maar ik heb wel gezegd dat ik geen zin heb

om mee te reizen. Ik ben een hoefdier, maar dat hoeft voor mij niet, mèèèh.

Ben je niet gevoelig voor de glamour van het leven als First Pet?
Klasse, je hebt het, of je hebt het niet. Het is de eerste keer dat een eerste minister in België met een levend dier uitpakt. Jean-Luc heeft de voorzet gegeven met zijn kerkhanen en Guy was zelf een konijn. De geschiedenis zal uitwijzen wie Trudy I is. Ik heb vertrouwen.

Ze trekt een spurtje langs de omheining, heen en terug. Bokt een paar keer met de kop. Gaat op de achterpoten staan en knabbelt aan de scheuten van een jonge beuk.

Heeft de premier nog wel tijd voor je?
We gaan daar niet moeilijk over doen, er zijn andere prioriteiten. Trouwens, ik heb momenteel ook weinig tijd voor hem, met de bevalling voor de deur. Yves zoekt nog altijd een vette vis voor in de pan. Maar ik weet dat Yves amper het verschil kent tussen een walvis en een paling. Ik herinner mij nog dat

hij eens de vismijn van Nieuwpoort bezocht. Bij de aanvoer had hij een mand opgeviste spons zien liggen. Weet je wat hij 's avonds als bedenking maakte? Er moet een verbod komen op het vissen sponsen, want wie weet hoe hoog het water zal staan als men alle sponsen uit het water haalt.

'Yves heeft de oplossing voor het dopingprobleem!'

Trudy zwijgt en kauwt wat aan mijn broekspijpen, recorder en ontfutselt me een krant in mijn jaszak. Het lijkt haar te smaken, want het duurt een tijdje voor ik haar aandacht weer kan grijpen.

Gaat het beter met de gezondheid van de premier?
We gaan niet boffen, maar het is niet anders. In zo'n job weet je: je gaat laat onder wol en je moet vroeg uit de veren. Maar Yves overdreef. Hij had 800.000 stemmen maar bleef een herder zonder kudde. En in plaats van af en toe eens serieus uit zijn slof te schieten, was hij zo onzeker als een bijziende zonder bril. Hij bleef maar herkauwen! Niet dat dat slecht is, maar dat is toch meer iets voor mij...

Lange stilte en dan zorgelijk en nauwelijks verstaanbaar:

Yves is dag en nacht bezig, de boodschap op zijn voicemail van zijn blackberry is: 'Ik ben nu thuis, maar zodra ik er even niet ben, bel ik je terug...'

Nu moet hij toch gelukkig zijn. Hij heeft een regering, de ministers zijn met Paasverlof, dus daar heeft hij geen last van. En de kans is groot dat Standard Luik de landstitel haalt.

Heel dat verhaal dat Yves Standardsupporter is, berust op een misverstand. Wat moet een jongen uit Zillebeke bij een ploeg van de andere kant van het land? Jullie zoeken het te ver. Rood en wit zijn de kleuren van FC Ieper. Yves heeft heel de pers mooi bij hun... *(het woord blijft in de sik hangen)* Zo klaar als het water van de IJzer.

'99% van de politici zorgt ervoor dat de rest een slechte naam heeft.'

Gisteren hebben we nog over wielrennen gesproken. Hij heeft een mooie oplossing voor het dopingprobleem. De basis van het dopingprobleem is de snelheid in het peloton. Yves' voorstel is om de wedstrijden vroeger te laten beginnen, zodat de renners niet meer zo hard moeten rijden (*lacht mekkerend*).

Na de Ronde zal het snel zomer zijn en de problemen stapelen zich op. De staatshervorming, de splitsing van BHV en dan is er de economische crisis...
De grote fout is dat de mensen geld lenen bij de banken. Ik zal eens een tip geven: je moet geld lenen bij pessimisten, die verwachten toch nooit dat je terugbetaalt.

Begrijp je dat het publiek na maanden zijn buik vol heeft van politiek?
Daar hou ik mij niet mee bezig. Ik heb mijn buik momenteel vol van andere zaken. Trouwens, je moet dat relativeren. Yves' redenering is dat 99% van de politici ervoor zorgt dat de rest een slechte naam heeft.

Er wordt gezegd dat Yves een heel eigen vorm van humor heeft.
Wat wil je dat ik daar op blaat? Vorig jaar heeft hij op 1 april

Jo Van Deurzen gevraagd of hij uit Hasselt een draadloos
verlengsnoer kon meebrengen, omdat ze in Ieper uitverkocht
waren (*lacht hartelijk met schuddende kop*).

**Tot slot, Trudy wanneer mogen we de lammetjes verwach-
ten?**
Ik laat me niet op een datum vastpinnen, laat het mij houden
op 'onverwijld'.

Zware metalen

 Vlaamse vrouwen worden steeds assertiever, dat is bekend. Ieder jaar opnieuw verschijnt er een of andere Kim aan de horizon. We hadden al Kim Gevaert en Kim Clijsters, nu is ook ene Kimberley Vlaminck erin geslaagd de wereldpers te halen. Voor wie er nog geen lichtje gaat branden: het sterrenmeisje. Ze wilde drie sterretjes, maar kreeg er in één prik 56 op haar snuitje getatoeëerd. Enfin, ze zegt dat ze in slaap was gevallen, maar dat kan niet: een vrijgezel die gaat pas slapen als hij alle sterren heeft gezien. Ha, ik ken mijn klassiekers.

Hoe kun je je vergissen tussen 3 en 56? Wat denk je dan? Allez, bijna juist? Hoeveel Baccardi Breezers moet je gedronken hebben eer je in slaap valt terwijl ze je gezicht tatoeëren? Zelf zei ze: drie. Je vraagt je af hoe is het in

27

's hemelsnaam mogelijk, maar Kimberley niet. Ze was al eens 56 dagen weggeweest van huis. Ze zat gewoon op de driedaagse van De Panne. Nee, rekenen was niet haar beste vak op school, en van het vak 'wiskunde' durf ik nog niet te spreken. Wedden dat ze problemen had met de regel van drie?

Wat een bizar verhaal. Rouslan Toumaniantz, die kerel die Kimberley tatoeëerde, zit *letterlijk* van kop tot teen onder de inkt, precies levend vloeipapier. Als je dat ziet, weet je toch dat hij geen genoegen zal nemen met het plaatsen van drie sterretjes? Het is alsof je naar Jeff Hoeyberghs zou gaan om je nagels te lakken. Hij eiste achteraf publieke verontschuldigingen van Kimberley, want hij kon 'niet meer onopgemerkt over straat wandelen'...

Bovendien zat hij ook nog vol piercings, van wenkbrauw tot scrotum. Dat is geen piercingetje meer, dat is een hele IJzerbedevaart. Zou die Rouslans nachts gerust slapen, met al die koper- en aluminiumdiefstallen? Rouslan wast zich naar verluidt met zo'n stalen schuursponsje. Hij gebruikt geen doucheschuim maar Hammerite, en Destop voor zijn tanden. Als hij zijn oren wil poetsen neemt hij een schroevendraaier, en draait hij er propjes staalwol op. Rouslan is de eerste mens ter wereld die kan sterven aan metaalmoeheid.

Zo iemand wordt na zijn leven overigens niet gewoon begraven, dat mag niet zonder bijzondere toelating van de Openbare Vlaamse Afvalstoffenmaatschappij. Nee, die moet je naar het autokerkhof brengen. Met een beetje geluk krijg je er nog een slooppremie voor. Je kunt zo iemand ook niet cremeren, je moet hem omsmelten.

Ecologische vervoermiddelen gebruikt door Vlaamse politici

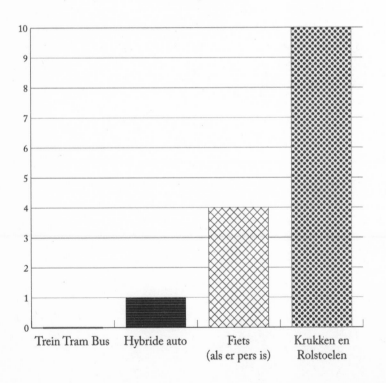

What happens in de Kempen

Iedereen heeft tegenwoordig een kind van wie we niet mogen weten wie de vader is. Margriet Hermans heeft ook zo'n dochter. Het schijnt dat iedereen in de Kempen weet wie de vader is, maar niemand zegt het. Het is niet voor niets 'de stille Kempen'. In de Kempen bestaat de omerta van de purperen hei. What happens in de Kempen, stays in de Kempen.

Margriet Hermans is gestopt met politiek. Na haar mislukte gooi naar het voorzitterschap van Open VLD verloor ze meer aan politiek gewicht dan na het plaatsen van haar maagring. Ze was er bijna in geslaagd om voorzitter te worden van de VLD. Mocht dat gelukt zijn, dan zou Karel De Gucht zijn Fortisaandelen opgegeten hebben. Het zegt veel over het niveau van de Vlaamse liberalen op dat moment.

31

Met Alejandro De Croo is er nieuw oud blauw bloed in de partij gedruppeld. Het was wel nodig want de liberalen hadden de voorbije jaren hun energie in de domste dingen gestoken. Patrik Vankrunkelsven was bezig met overhangende takken. Guido De Padt heeft erop aangedrongen dat de bewegwijzering in ons land in het Engels zou vertaald worden. Die pijlen die er nu staan van 'Déviation' moeten nu in het Engels: 'Deviation'. Herman De Croo is in het nieuws geweest omdat hij meer aandacht wil voor de ruiter te paard. Uit welke eeuw komt zo'n bericht? Herman De Croo heeft nog leren paardrijden op een dinosaurus. Het is toen dat hij zijn vrouw heeft leren kennen.

Margriet Hermans heeft ooit geprobeerd de snoepwinkels in de buurt van scholen te verbieden. Wat een vreemd idee was dat? Margriet zei: 'Dat is niet goed voor de gezondheid.' Als je zo redeneert mag je de banken ook afschaffen. Ik was tegen het voorstel. Ik denk niet dat er een verbod moet komen op snoepwinkels in de buurt van scholen. Onze overheid probeert met alle middelen de kinderen, de spijbelaars, terug naar de school te lokken. Wel, geloof me, een goede snoepwinkel juist naast de school zal alleen maar de kinderen extra lokken. Het is een goeie reden voor de kinderen om naar school te gaan. Die denken: in die buurt is een goede snoepwinkel. Je kan nooit weten dat ze zich eens van deur vergissen en de school binnen sukkelen. Voor 100 gram onderwijs.

En bovendien, de kinderen worden in dit land al genoeg ontzegd: ze mogen bijna geen snoep meer kopen, ze mogen al geen sigaretten kopen, of alcohol... Het enige waar ze nog gemakkelijk aan geraken zijn wapens en drugs.

Only in Flanders

Wist je dat de beelden van de enthousiaste massa wielersupporters tijdens de Ronde van Vlaanderen in Irak en Pakistan uitgezonden worden? En dat 'wij' worden voorgesteld als hysterische aanhangers van een vreemde godsdienst? Commentatoren vertellen dat Vlaamse families de eerste zondag van april de wielergoden aanbidden en dat daarvoor elk jaar weer tweehonderd martelaren gedwongen worden om uren op een fiets te zitten. Net zoals wij hier tijdens het journaal beelden krijgen van Sjiieten die luid aangemoedigd door omstanders zich ook tot bloedens toe lopen te geselen. Elk zijn hoogdagen. Wie weet wat onze jongen bij de Staatsveiligheid, Abdelkader Beliraj, die zenders allemaal verteld heeft, in zijn eenmansgevecht om België voor aanslagen te behoeden.

Voorjaarsklassiekers, en in het bijzonder de Ronde van

Vlaanderen, moeten heel exotische verschijnselen zijn voor mensen die niets van de Vlaamse cultuur weten. In het ene land laat men mannen in lange gewaden op kamelen door het zand racen, in het andere staan ze geolied in bloot bovenlijf in de modder te worstelen, bij ons strijden de moedigste mannen op de fiets, in korte broek met zeemlap. Hopelijk komt men in de verre landen aan de andere kant van de Maas niet te weten dat er ook vrouwenwielrennen is. Want dat zou pas echt getuigen van geen respect voor de vrouw.

En dan heb ik het nog niet over de wapperende vlaggen. Waar vlag, banier of standaard normaal met eerbied gedragen worden, door militairen die kijken als begrafenisondernemers, zien we tijdens de Ronde weer de grootste gekken dansen met de leeuwenvlaggen. Op motorkappen, aan werphengels, soms door achterwielen draaiend. Wedden dat ze in China en Tibet denken: 'waarom steken ze die vlag niet gewoon in brand?'

Onze nationale trots wordt dezer dagen uitgesmeerd op BBCworld en CNN in een reclamefilmpje. Lucky Luke, Ceçi n'est pas une pipe én de saxofoon passeren er de revue onder de slogan: Only in Belgium. Als je het ook aan de Brusselse reclamejongens over laat... Een cowboy uit het Wilde Westen, een schilderij van Magritte dat in Los Angeles hangt en de saxofoon, het instrument van Bill Clinton. Hoe only is only? Wat echt only in Belgium is, is de Ronde van Vlaanderen. De zondag waarop je meer vlaggen ziet dan op de nationale feestdag. De Vlaamse kermis van de benen en het hart.

Overigens nog deze bedenking. Om te schitteren in de Vlaamse Klassiekers ging Tom Boonen in Monaco wonen. Om Milaan-San Remo voor te bereiden ging hij trainen op het WK-parcours in Treviso. Het zou me niet verbazen mocht uitlekken dat Tom de Ronde van Vlaanderen heeft voorbereid op het Olympisch parcours in Peking. Wie prepareert deze Kempenhaan? Dick Advocaat?

Wat is een zeetong van de molenaar?

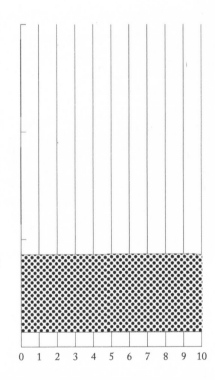

Vreselijke ziekte
bij molenaars

Vreselijke ziekte
bij vissers

Vreselijke vervlaamsing
op de menukaart van
het Vlaams Parlement
waarmee men 'Sole
Meunière' bedoelt.

0 1 2 3 4 5 6 7 8 9 10

Koken met eten

Met het programma *Mijn Restaurant* op tv is er een culinair snobisme beginnen te heersen. Je hoort nu mensen tegen elkaar zeggen: 'Oh, ik vind het vlees niet genoeg afgekruid', of: 'Wat is er voor amuse vandaag?' of: 'Hoe zit het met de mise-en-place?' Als je binnenkomt in een frietkot vragen ze niet langer: 'Een grote of een kleintje?' maar: 'Als voor- of als hoofdgerecht?' Toen ze mij dat eens vroegen zei ik: 'Doet u mij maar als hoofdgerecht, en als amuse graag een gefruite roulade van slachtafval.' Ik bedoelde natuurlijk een frikandel, je moet daar wat in meegaan. Ik zag recent nog 'Frikandel natuur' op een menu in een frietkot staan. Waar groeit dat, een 'frikan-

del natuur'? En bij de slager liggen nu ook bio-bouletten...
Bio-bouletten? Dat is een contradictie, of het moet zijn dat
'bio' hier de afkorting is van 'biochemisch'...

Mijn Restaurant vind ik een fantastisch programma, ik
geniet er ongelooflijk van. En ik moet zeggen, als ik die Rani
De Coninck zie, krijg ik altijd al een beetje honger. Dat is
omdat ze er zo smakelijk uitziet. Ik moet wel toegeven dat ik
niet in die restaurants ga eten. En wel om de eenvoudige reden
dat die restaurants gekozen worden door de kijker thuis. Nu
wil ik geen kwaad woord zeggen over de kijker thuis. Alle lof,
voor de kijker thuis. Maar, de voorbije jaren heb ik in *Man bijt
hond* gezien hoe de Vlaamse televisiekijker thuis leeft, en wat
er 's middags op tafel verschijnt. Om die smaak nu te gaan
volgen, nee. Ik ben niet gek.

Piet Huysentruyt trekt al jaren het land rond om de mensen te leren hoe ze moeten water koken, en Sonia Kimpen
zegt dat we niet kunnen omgaan met voedsel. En dan zou
ik datzelfde advies van de Vlaamse televisiekijker moeten
opvolgen om te gaan eten? Maar laat ons een steak een steak
noemen. Je kunt toch geen restaurant kiezen van in je zetel?
Je moet er toch geweest zijn, er het eten geproefd hebben, je

39

moet daar aan tafel gezeten hebben. Piet Huysentruyt zegt dat altijd snuivend: 'heurtelevisie, heurtelevisie, ge moet ne keer rieken, heurtelevisie...' En gelijk heeft hij, je moet eraan ruiken, er je tanden in zetten, je moet eraan zitten. Miss Belgian Beauty wordt toch ook niet gekozen door de blinden? Maar door een kenner die daaraan gezeten heeft...

We zijn altijd bezig met voedsel in ons land. Voedsel is voor alles de norm. Je moet er eens op letten. Zelfs tijdens de regeringsonderhandelingen van 2008 ging het over vette vis, over borrelnootjes, hors-d'oeuvres en lepeltjes suiker. En als je naar televisie kijkt, zijn er bijna elke dag weer nieuwe kookprogramma's. We hebben al alle soorten kookprogramma's gehad. Er is het wedstrijdkoken, *Chefs versus Vlaanderen* en *Komen eten*; reclasseringskoken, met *Rebellen in de keuken*; landschapskoken met *Gentse Waterzooi* of historisch koken met *Plat Préféré*. Jeroen Meus wilde daar zelfs eens voor Hitler koken. Noem je zoiets gastronomisch revisionisme?

Er zijn zoveel soorten kookprogramma's. Het zal niet te lang meer duren of we gaan zelfs kooktips krijgen in het nieuws. Ik zie het zo voor me, dat we op een avond zitten kijken en Birgit Van Mol horen zeggen: 'Dames en heren, de parlementaire onschenbaarheid van de voorzitter van Vlaams Belang, Frank Van Hecke, is ingetrokken. En Piet, wat eten we daarbij?' Waarop Huysentruyt antwoordt: 'Oh, Morelleke Forelleke hé...'

Het mirakel en de Hel

Gods wegen zijn ondoorgrondelijk, maar de duivel heeft er helemaal met zijn klak naar gesmeten. En dat heeft de duivel vooral gedaan tussen Compiègne en Roubaix. Ik heb het met mijn eigen ogen gezien, de wegen zijn er amper voor een tractor berijdbaar. Bijna net zo gevaarlijk als de Vlaamse fietspaden. Je hebt kasseien en kasseien. Er zijn de Vlaamse kinderkopjes van de zelf aangelegde tuinpaadjes, van de toeristische steegjes of van de Markt in Mechelen. Je kunt erop biljarten, golfen en schaatsen.

De kasseien van Paris-Roubaix zijn echter een totaal ander pak frieten met stoverij. De pavés werden aangelegd in een periode van een groot tekort aan kasseien. In het beste geval ontbreekt er hier en daar een steen, soms een hele rij, meestal een paar vierkante meter. En het wordt er alleen maar erger op, want ieder jaar krijgt de winnaar zo'n knoert mee naar zijn fermette. Volgens Frank Deboosere zal in het jaar 4612 de laatste kassei uitgestorven zijn.

We moeten eerlijk zijn: Paris-Roubaix is de reden dat het wielrennen nog bestaat. Niets is logisch in de klassieker onder de klassiekers. De Hel van het Noorden ligt ten zuiden van ons. De start ligt niet in Parijs, maar in Compiègne. Alsof Kuurne-Brussel-Kuurne zou starten in Breda. Om het gevolder over de kasseien te compenseren eindigt de koers op een gladde wielerbaan. Tijdens de koers vallen meer gewonden dan op een weekdag in Bagdad. Er zijn de platte tubes, de mechanische pech en de koersvervalsing door de motoren die voor de renners uit rijden of door de nummering van de volgwagens.

Het enige wat de goede kant uit gaat, is het gedrag van de supporters. Ondanks de schoonheidsfoutjes, zoals een sticker kleven op een voorbijflitsende Steegmans of vlaggen in de wielen steken bij Leif. De wielersupporters zijn, zoals de voetbalhooligans, braver geworden met de jaren. Ja, er wordt nog wel eens gespuwd, maar porren in de lever zoals bij Merckx bestaat niet meer. In de allereerste Tour de France blokkeerden de supporters de weg nadat hun favoriete renner gepasseerd was. Een vooroorlogse versie van de Hell's Angels werd op pad gestuurd om renners van hun sokken te knokken, net zoals Journalisten zonder Grenzen nu de Olympische vlam willen doven. En omdat niets logisch is tussen Parijs en Roubaix, wint heel vaak de sterkste renner. Leg dat mirakel maar eens uit.

Flipflops

Tom Boonen zei dat hij geflikt was toen hij op cocaïnegebruik was betrapt. Dat is niet onmogelijk. Je hoort wel eens jongens die geflikt worden. Het gebeurt dat mensen echt geflikt worden, echt waar. Zoals die kerel die werd tegengehouden om te blazen. 'Heb je gedronken, meneer?' 'Ja, één pintje...' En dan laten ze die blazen: 2,4 promille. Hij werd dus geflikt. Die hadden ze op café veel te zwaar bier gegeven.

Je hoort veel dat mensen geflikt worden. Ik herinner mij nog een verhaal van een trouwfeest. De wijn was op. Er was alleen nog maar water, maar toen kwam een jonge gast op dat trouwfeest, met lang haar en op flipflops. Hij deed allerlei trucjes met dat water, en op het einde van het trouwfeest was iedereen strontzat. Ik verzin dat niet hoor, ik heb dat gelezen. In een oud boek. Er stond dan wel 'Nieuw Testament' op, maar het was toch een oud boek.

Voor de mensen die dit niet kunnen volgen, dit is het verhaal van de bruiloft van Kana. Dat is een gemeente in de buurt van Bethlehem. En die jonge gast heette Jezus van Nazareth. Nazareth is een gemeente tussen Deinze en Gent. Er zijn tegenwoordig wel meer mensen die in het buitenland gaan trouwen. Jezus was dus naar die trouwpartij geweest. En daar had hij water in wijn veranderd. Ze vonden dat zo fantastisch. Daarom werd hij daar een echte ster.

Jezus Christus was niet alleen ontzettend goed achter de cocktailbar, maar ook in de keuken. Ze vroegen hem meermaals om problemen in de keuken op te lossen . Zo van: 'We zitten met een berg met vijfduizend man op en die hebben nog niet gegeten. We hebben maar vijf broden en twee vissen'. Voor Jamie Oliver, Nigella Lawson en Peter Goossens: pfff, een eitje. Ook Christus draaide er zijn hand niet voor om. Been there done that. Hij was een beetje zoals sos Piet nu, maar dan 2000 jaar geleden. sos Jezus. Die heeft daar ook een boek over geschreven. Nee, Huysentruyt was niet de eerste.

Ook in de verpleegkunde was Jezus goed. Mensen genezen en al, die deed dat. Nu zou dat niet meer mogen. Kun je je voorstellen dat Jezus dat zou doen. Van op een bankje in het Zuidpark? En dat er een melaatse langs komt die vraagt: 'Kunde gij mij genezen, gij?' Christus zou moeten antwoorden: 'Mag ik uw SIS-kaart?'

Yep, Christus was goed in kokerellen en doktertje spelen. Hij woonde nog bij zijn moeder en hij ging vooral uit met de mannen. Daar is niets mis mee, maar hij heeft wel geluk gehad dat ze hem niet op hebben gehangen. In die regio kunnen ze er niet mee lachen als je zo bent. Daar zijn hangjongeren iets totaal anders dan hier. Trouwens, weet je waarom Jezus Christus ter dood is veroordeeld?

Hij werd niet verdedigd door Jef Vermassen.

De Amstel Gold Race is niet genoeg afgekruid

Als er één klassieker is die er nooit in slaagt om spannend over te komen, is het de Amstel Gold Race. Jammer en volledig ten onrechte, ik weet het, maar hij doet me niets. Geen rillingen langs mijn rug, geen kippenvel, geen sneller kloppend hart. Ik heb me al suf gepiekerd over het waarom. Doe mij maar de Muur van Hoei en liefst met hagel en sneeuw. In plaats van dartel in het lentezonnetje kronkelen langs de lieflijke wegversmallingetjes van '*Sjin* op Geul' of 'Brach'. Red me van deze koers waar men bij een verkeersdrempel al van '*de berch*' kalt.

De Amstel Gold Race bestaat niet echt. Het is een verzinsel. Net zoals heel Limburg overigens, Nederlands én Belgisch Limburg. Hoewel er verwoede pogingen waren van gouverneur Steve Stevaert en staatssecretaris Frans Timmermans om die provincies toch als geloofwaardig te laten overkomen, heb ik met mijn eigen ogen moeten vaststellen dat het niet lukt. Onthoud het goed: Limburg bestaat niet. Wat je op tv zult zien, is een levensgroot decor gebouwd door André Rieu. Net zoals zijn kasteel van keizerin Sissi. De commentatoren zijn sprookjesvertellers. Sporza ontvang je niet toevallig op de frequentie van Ketnet.

Of wat dacht je? Dat de Amstel echt door Limburg meandert? De Amstel heeft evenveel met Limburg te maken als met de IJzer. De Amstel is het beekje van dertig kilometer dat de Amsterdamse grachten onder water zet. De Geul is verdorie bijna dubbel zo lang en stroomt door meerdere landen. Al geef ik toe dat het geen aantrekkelijke naam is. Limburg is Maas en kolen, niet Amstel en goud. Processierupsen, geen race.

Ik weet ook wel dat Amstel bier is. Maar het is helemaal geen Limburgs bier. Hertog Jan, Gulpener, Brand, Sezoens, Lindeboom, Cristal... Aan Limburgse bieren geen gebrek, toch? En dan heb ik het nog niet over Jenever. Laaf het peloton met Smeets en zeg tegen de renners dat het parcours één lange rechte baan is. Er zal geen fiets in de gracht terechtkomen!

Waarom verkopen die zalige Limburgs altijd rap rap hun ziel dat er bij elke attractie ook een sponsornaam moet vallen? Ze zijn nog erger dan de West-Vlamingen. De Amstel Gold Race, de Ethiashallen van Hasselt, de Cristalarena van Genk. Terwijl men in heel Europa moeite doet om de jeugd van de drank te helpen lokt RC Genk onschuldige kindertjes naar de Cristalarena om te kijken naar de Jupilerleague. Om de website van de Amstel Gold Race te bezoeken moet je overigens achttien jaar zijn. Echt waar!

De Amstel Gold Race werd voor het eerst gereden in 1966. Het is dus helemaal geen klassieker, zelfs ik ben ouder. Het is gewoon sport op tv, zoals *Sterren op de dansvloer*, niet meer en niet minder.

De plassende prins, de verdachte koffer en de mimespeler

Heb je ooit een verdachte koffer van dichtbij gezien? In het echt, bedoel ik. Ik vraag het omdat je rond 11 september altijd oproepen hoort dat je moet uitkijken voor verdachte koffers. En natuurlijk ook omdat ik een verdachte koffer gezien heb. En niet zomaar een. Afgelopen september stond een zwarte koffer midden op de oprit die leidt naar het afgelegen hotel waar ik die nacht zou logeren.

Het was een gat in de nacht, ik draaide de verharde landweg op en opeens stond ik oog in oog met de koffer. De grote lichten van mijn auto hadden 'm in het vizier. Pas op. Dit speelt zich niet af in de schone Kempen, maar in het hartje van Italië. Ik kwam terug van een etentje in La Toppa, een klein pastarestaurantje

51

in San Donato in Poggio, een Toscaans stadje waar ik in een
heel klein toiletje tegen een boom van een vent botste. Letterlijk. De reus was al even verrast als ik. Geschrokken con-
troleerde hij met zijn linkerhand of zijn gulp wel goed gesloten was, terwijl zijn rechterhand een sms intikte. We keken
elkaar vluchtig recht in de ogen, mompelden een excuus in
het Italiaans, glimlachten een buena sera. Hij gleed nog met
zijn linkerhand door zijn haar, van voren naar achteren, een
gebaar dat ik sinds mijn prilste jeugd niet meer heb gemaakt.

Terwijl ik in het toilet stond te doen wat koningen ook
doen, viel mijn euro. Dat was verdorie prins Friso! Prins Friso
van Nederland, van Oranje, van Mabel, van dinges, van de
vermoedelijke connectie met de maffia! Een identificatie die
enige ogenblikken daarna werd bevestigd door de eigenaar
van de zaak en me de rest van die avond heel vrolijk maakte.

Tot ik op de verlaten landweg een verdachte koffer van
de grond optilde, om 'm opzij te zetten. Terwijl ik dat deed,
hoorde ik in de verre hoogte het geronk van een vliegtuig-
motor. Tenminste dat dacht ik, tot ik me realiseerde dat dit
donker gebrom uit het koffer kwam.

Ik zette de koffer onmiddellijk weer neer en vertrok in min

of meer gestrekte draf naar het hotel, waar ik aan de receptie uitlegde wat er gaande was. In Vlaanderen zouden ze aan een grap van mij denken. Daar in Italië heerste de onschuld der dwazen en mijn gezicht sprak duidelijk woordenboekdelen. Aan de andere kant van de balie, schrokken de dames zich een serie Italiaanse kreten 'carabinieri' en 'bomba' en tutti quanti.

Met het licht van mijn gsm als leidraad en het hotelpersoneel als getuige, slopen we naar de brommende koffer in de graskant. Hoewel ik twee jonge vrouwen bij het horen van het geluid begrijpend naar elkaar zag kijken, durfde toch niemand actie te ondernemen.

In een vlaag van prinselijke overmoed, aangewakkerd door de brunello, stak ik voorzichtig mijn handen in de tas. Viste na enige graafwerkzaamheden een toilettas op en vond een elektrische tandenborstel. De ontmijning sloot ik af met een zucht en trots wreef ik met mijn linkerhand over mijn hoofd, van voren naar achteren.

Terwijl ik dit zit te schrijven, kijk ik door het raam naar

een receptionist die aan alle hotelgasten uitlegt wat er van-nacht gebeurd is. Tijdens zijn pantomime lijkt het of ik een atoombom onschadelijk heb gemaakt.

Dromen van thuis

Wat maakt een thuis vandaag zo aantrekkelijk? De vraag is inmiddels even populair als de collage die Richard Hamilton in 1956 maakte voor de tentoonstelling 'This is tomorrow'. In zijn fantasie zag de Engelse oervader van de pop-art de toekomst als een thuis met een blote vrouw als pin-up op de bank, een bodybuilder in de woonkamer, een rondslingerende stofzuiger, de hemel als plafond van je flat... Vandaag is dit geen gekke visionaire droom meer, maar een populaire werkelijkheid. Voor zover mensen, door merkkledij en plastische chirurgie, er zelf al niet als een collage uitzien, zitten Richard Gere of Shakira dankzij moderne media – on demand – in je woonkamer. Via de

55

satellietfoto's van Google Earth sta je zelf aan de andere kant van de wereld in de achtertuin van om het even wie. En door Facebook zit je al snel aan een paar honderd vrienden, die je zelfs in het echt nog nooit ontmoette, in je slaapkamer of keuken.

Wat maakt een thuis zo apart, zo aantrekkelijk? Als je pakweg zestig jaar geleden de deur achter je dicht trok kwamen de wind, het zand, de kou, de familie en de buren toch nog binnengewaaid. Nu komen weer en straat niet meer langs ramen en deuren binnen, of juist wel. Want hoe meer beveiligd en geïsoleerd ons huis raakt, hoe meer we de hele wereld bij ons binnen brengen en laten. In huis sluiten we ons op om in alle rust met de buitenwereld te kunnen te communiceren. We gaan lekker alleen zitten en proberen vervolgens met telefoon, internet, televisie en mail de eenzaamheid te doorbreken.

Thuis is de plaats waar je arriveert, die je voor jezelf claimt, zelfs in de openbare ruimte. Sommigen gaan altijd op dezelfde plaats zitten op trein, tram of bus. Het geeft merkwaardig genoeg zelfs een soort thuisgevoel als daklozen op dezelfde bank liggen. Thuis is in het hoofd een nostalgisch dorpscafé uit 1956. Een omgebouwde voorkamer uit een woonhuis, waar de stamgasten dagelijks langskwamen. Ze hadden een bijna vaste stoel, dronken een glas, namen al dan niet deel aan de conversatie, luisterden soms. Of ze droomden gewoon afwezig weg over wat thuis zo aantrekkelijk maakt.

Zaken die Miss België zoal doet

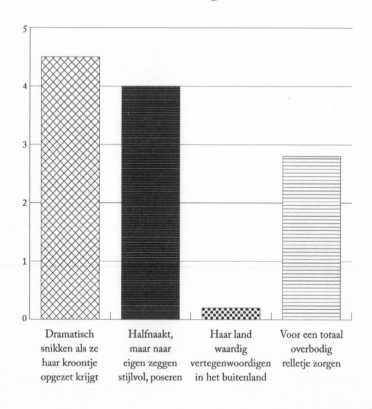

De Doyenne en de Conference

Wat zou drievoudig Luik-Bastenaken-Luikwinnaar Fred De Bruyne gevonden hebben van de eindgeneriek van Sporza? Kinderen die hun tong uitsteken naar de kijker? Drie mannen die voor een urinoir staan te plassen? Nu Vlaanderen in de ban is van het goed fatsoen, stel ik voor dat we ook dat filmpje met zwarte tape te lijf gaan. En dat is niet het enige. Een besmettelijke ziekte uit het voetbal bedreigt de gezondheid van het wielrennen: knuffelen en zoenen. Het blijft voorlopig gelukkig nog beperkt tot na de aankomst, maar we moeten dringend ingrijpen om erger te voorkomen. Als deze trend zich voortzet, stoppen de renners straks midden in een rit en verdwijnen ze met elkaar in de bosjes. Een dromerige en in tranen gemarineerde knuffel van Patrick Lefevere tot daar aan toe. Maar iemand moet Dirk

59

Nachtergaele, de onverbiddelijke Quick-Stepzoener, de toegang tot de aankomstzone ontzeggen. Bedreig hem desnoods met het startpistool! Waarom denk je dat Tom Boonen op het nippertje niet won in de Scheldeprijs? Zoals de sfeer in de ploeg nu is, riskeerde hij dat natte snor Nachtergaele hem bij winst een tong zou draaien!

Dat is meteen ook de echte reden waarom Paolo Bettini niet start in Luik-Bastenaken-Luik. Wielrennen is een sport voor kerels. Zelfs het vrouwenwielrennen! Gun een vermoeide winnaar zijn waardigheid, schenk hem na de aankomst rust en adem. Laat hem, na uren afzien, verlangen naar de lippen van de miss op het podium. Zoals Ignace Crombé kuis en platonisch. Verneder de gladiatoren niet met kusjes! Als supporter is het altijd al slikken als je je held als een baby, met een washandje uit een teiltje, gewassen ziet worden.

Dat er van de gelegenheid gebruik wordt gemaakt om extra reclame te maken, wil ik aanvaarden. Maar kan dat niet zoals die gedrongen zestiger met binnenschipperspet, patatneus en T-shirtje, die vroeger in de Tour de winnaar een flesje Perrier in de handen duwde? Eerder type boxeur van de Savatte

Française zoals op de Sinksenfoor dan een knuffeldier met een brilletje.

Er wordt altijd geschiedenis geschreven in Liège-Bastogne-Liège. Een bevroren Bernard Hinault, god-voor-één-dag Frank Vandenbroucke, een tomaatrode Dirk Dewolf. Vele sportartiesten schreven op deze dag hun meesterwerk. Ondanks de bloesems aan de bomen, worden er serieuze peren uitgedeeld en zien de renners hun peer. Vandaar ook de bijnaam van L-B-L: la Doyenne.

Nu ik het schrijf, begrijp ik waarom ik mij zo verwant voel met deze sport. Ook mijn beroep moet het hebben van een peer: de conference. Maar genoeg over fruit. Koersen is een sport op leven en dood. Vandaar dat de strijd begint met een pistool en niet met een fluitje. Dus stop het geflikflooi aan de aankomst, ere wie ere toekomt.

Wat we denken als jij langs het terras rijdt met je kleine autootje en met de bassen loeihard

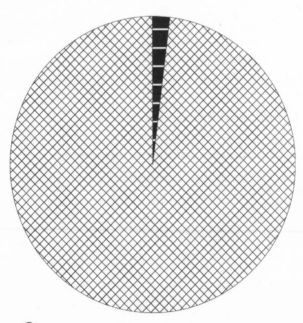

⊖ Wauw! Super! Wat een coole gast met mega vibe!!!
⊗ Loser

Verwarmd terras

Prachtige winters tegenwoordig. Veel sneeuw en vorst, ijskristallen en een officiële witte kerst. En nog officiëler de koudste winter sinds 1996 én daarbovenop de donkerste maand januari sinds 1902. Dat kan tellen. Het vormt de ideale intro voor een heerlijk terrasjaar. Hoe somberder de winter, hoe meer we verlangen naar zon en warmte. En waar kun je beter genieten van de zon dan op een terras? Voorjaarszon, zomerzon, najaarszonnetje.

En hebben we geluk! Net nu het legendarische terras van de Carlton in Knokke verdwijnt, is heel België omgebouwd in één grote *place m'as tu vu*. In alle steden en gemeenten schieten de terrassen als paddenstoelen uit de grond. Het Antwerpse Zuid wordt langzamerhand Saint-Germain aan de Schelde. De Vlaamse filosoof en wereldreiziger Marcel Vanthilt noemde het ooit Greenwich Village. Iedere uitbater van een café, bras-

63

serie of restaurant heeft een goudmijn ontdekt op het koertje
waar tot voor kort lege bierbakken en vuilnisbakken stonden.
Voorheen verlaten straten en pleinen gonzen nu tot een gat
in de nacht. Lachsalvo's zorgen voor de akoestische accenten,
het gerucht van een glas dat valt, en geluk brengt.

Er was een tijd dat je op een terras je leven waagde. Gam-
mele stoelen, een wiebelende tafel of losse tegels. Je had bijna
een 4x4 nodig om een dame blanche te bestellen. En dan had
je nog de veelkleurige parasols van elk drank-, ijs- of mossel-
merk, die van elk restaurant iets meer kermis maakte.

De voorbije jaren zijn de binnenhuisarchitecten naar
buiten getrokken en hebben het terras aangepakt. De scha-
bouwelijke Vlaamse plastic veranda en pergola kregen een
extreme make-over. Inmiddels heb ik in openluchtlounges
aangelegen, op strakke designmeubels geluncht en gedineerd
op terrassen die evenveel sterren en punten verdienen als de
keuken.

En dan moet het mooiste nog komen: de terrasverwar-
ming! Wat een verwennerij. Vroeger zette men, met de beste
bedoelingen, een brander op je hoofd. Een soort droogkap
van bij de coiffeur. Afschuwelijk. Ik denk dat het beter kan.

Toen ik daarnet uit een Mercedes S-hybride met verwarmde autozetel stapte, dacht ik: 'Als men die technologie zou vertalen naar de terrasstoel, krijgen alle terrassen 20 op 20 én drie sterren.

Als je ziet hoe toeristen en zonnekloppers genieten van de zon op de trappen van de Beurs in Brussel of het Museum voor Schone kunsten in Antwerpen en als je uitrekent hoe massaal Belgen hun batterijen opladen met zonne-energie van De Panne tot Knokke, dan moeten er toch urbanisten zijn die vloerverwarming kunnen voorzien voor de Maasoevers in Luik en de Korenlei in Gent? Zoals je nu al praatpalen met zonnecellen ziet, kan het toch niet lang meer duren of in de openbare ruimte verschijnen zitbanken die het hele jaar door heerlijk warm zijn.

Designbillen

Telkens als er zich een nieuw probleem aandient, vindt de mens daar een oplossing voor. Ook al is het soms even zoeken. Zo las ik dat er in het centrum van New York een verkeersinfarct was... begin 1900. Er was geen doorkomen meer aan. En dat lag niet aan de auto, maar aan de paarden en de karren en koetsen. Honderdduizend paarden zorgden in die dagen voor het transport van vracht en personen in the Big Apple. Dat klinkt ecologisch, maar het was een ramp. Een paard slaat eerder op hol dan een Toyota Prius. Dan zwijg ik nog over de geuren en kleuren die uit de uitlaat kwamen.

Als ik in een stad ben waar men toeristen in een koetsje rondleidt, ruik ik de paarden al op een kilometer afstand. Wat moet dat geweest zijn in New York met honderddui-

zend paarden op een bloedhete dag? Of na een uurtje regen?
Zonder twijfel is de verwensing 'shit!' ginder ontstaan. Veel
artiesten wensen elkaar nog altijd 'merde' voor een voorstelling. Zelfde stamvader. Want veel paardenpoep op weg naar
het theater betekende veel volk in de zaal. In het Engels is die
gelukwens 'break a leg'. Met andere woorden: je wenst dat er
zoveel paarden gepasseerd zijn dat de artiest amper heelhuids
op het podium raakt.

Gelukkig hebben knappe koppen juist op tijd de auto ont-
worpen, uitgevonden, fijn gesmeed en op de lopende band
gezet. Honderd jaar later heeft de auto het zichzelf praktisch
onmogelijk gemaakt. De wegen staan niet meer vol paarden,
maar vol wagens. Terwijl afgemeten architecten en handige
ingenieurs naar nieuwe manieren zoeken om zich te ver-
plaatsen, zoekt de individuele mens naar tijdelijke oplossingen. Tijdens de voorbije zomer dook de designfiets op in het
straatbeeld. De handige nakomeling van de minifiets. Iets
plooibaars met puberwieltjes. Tot een paar jaar geleden zag
je er af en toe iemand mee uit het station wandelen, in een
draagtas. Het eco-statement van de design-lover. Ook hippe
magazines wijdden pagina's aan de nieuwe fiets. Sinds 2010

zie je de designfiets overal in de stad. Mooi, gedurfd, kleurrijk, dat wel, maar ik heb met eigen ogen kunnen vaststellen dat er ook esthetische grenzen zijn aan dit fenomeen. De berijders, met name. Menigmaal zag ik te dikke mannen over de kasseien zwoegen. Wijdbeens, zwetend, rood aangelopen. In een moderne jeans met een broeksband die bijna tien centimeter bilnaad laat zien. Alles suggereert een zadel, alleen zie je het niet. De ontwerpers aan de tekentafel hadden duidelijk een andere doelgroep voor ogen bij de creatie van de designfiets.

Totdat het mobiliteitsprobleem grondig wordt opgelost door een revolutionaire vinding stel ik voor dat we designfietsen reserveren voor mensen met designbillen. Als ik moet kiezen tussen verkeersinfarcten en drillende billen, dan weet ik het wel.

Het Limburggevoel

Dialect begint belangrijker te worden, ook in Vlaanderen. Je hoort zelfs steeds meer initiatieven om dialect te onderwijzen. Zo is er in Brugge een inburgeringscursus voor asielzoekers of migranten waarbij ze Brugs aangeleerd krijgen. Opdat ze zouden verstaan als de Bruggeling zegt: 'Kjèr e kjè wére...' In Antwerpen werd er een veertiendaagse van het Antwerps dialect aangekondigd. Twee weken? Dat is een inperking. In ons land is er ieder jaar een 365-daagse van het Antwerps dialect.

In *Katarakt*, de televisieserie op Eén die zich afspeelde in Limburg, hoorde je zinnen als: 'Gaa hebt schoen peren, chouke.' Vreemd Limburgs accent. In die serie probeerden ze

Haspengouw in Limburg te promoten. Dat deden ze met...
Katarakt. Kijk, cataract is een oogaandoening. Ze gebruikten
dus een oogaandoening om de schoonheid van een streek te
promoten. Dat is hetzelfde alsof je een restaurant zou openen
met de naam Chez Motilium.

Maar, zoals gezegd: dialect wordt steeds belangrijker. Hoe
kleiner ons land wordt en hoe meer het opgesplitst en ver-
kaveld wordt, hoe belangrijker het dialect en hoe meer een
soort van provinciale trots ontstaat. Men is nu ineens trots op
zijn provincie. Om het kind een niet nationalistische naam te
geven werd het 'Limburggevoel' geïntroduceerd. Klopt langs
geen kanten.

Men verwart het Limburggevoel met trots op Limburg.
Limburggevoel heeft niets te maken met het bronsgroen
eikenhout waar het nachtegaaltje zingt. Het Limburggevoel
is een reflex, geen gevoel. Het Limburggevoel is een reflex
van de Vlaamse televisiekijker die moet sms'en. Limburg is
simpelweg de kortste provincie. Als je vijf keer op een avond
'West-Vlaanderen', 'Oost-Vlaanderen', 'Vlaams-Brabant' of
'Aàààààààntwàààààààrpen' moet intikken, dan heb je een ge-
zwollen duim als je gaat slapen. Daarom stemmen alle Vla-

mingen gewoon op Limburg, uit luiheid, om ervan af te zijn. Er is niet zoiets als een Lang-leve-Limburggevoel in Vlaanderen. Stevaert moet zich geen illusies maken. Mocht er een echt Limburggevoel bestaan, dan had in *Mijn Restaurant* Exquisa wel gewonnen. Maar Exquisa heeft in dat tv-programma niet gewonnen omdat het een veel te moeilijke naam is. De Vlaamse tv-kijkers zitten met de gsm in de hand: 'Ex... Exqui... Excuseer, hoe schrijfde datte?' Een goede naam om te scrabbelen, maar veel te moeilijk om te sms'en. Mochten Stephanie en Yanaïka, die twee meisjes van Exquisa – onze horeca-holebi-bv's, het keukenstel, zeg maar de holebintjes – voor een andere naam hebben gekozen, zoals 'In de Patat' of zo, dan hadden ze dat programma op één been gewonnen.

Dat ze een restaurant wilden waar de aardappel centraal staat, vonden die kenners bij vtm origineel en geniaal gevonden. Maar jongens toch, in Vlaanderen heeft elke parochie zo'n restaurant: het frietkot.

Maar ik wil geen grappen maken over Limburg of Limburgers. Daar heb ik zo mijn redenen voor. Limburg is immers de enige provincie in Vlaanderen met kernraketten. De Amerikanen hebben die overigens in Limburg gezet bij wijze van snelle interventiemacht. Het is dus maar te hopen dat het niet snel oorlog wordt.

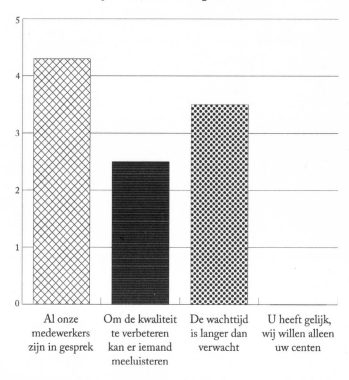

Antwoorden die je krijgt
als je naar een helpdesk belt

De gediplomeerden

In de aanloop naar de Olympische Spelen waarschuwden roddelaars dat China een vuil land is. Dat staat haaks op wat ik van wereldreizigers verneem, en die beweren dat je in Peking van de vloer kunt eten. Met stokjes? De nummers 9 tot en met 80. Want de nummers 1 tot en met 8 zijn soepen...

De openingsceremonie van de Olympische Spelen was fantastisch. Maar de dag erop zeiden ze dat alles getrukeerd was. Een mooi meisje moest een liedje zingen, maar ze zong niet echt.

Ik vond het toch knap. Je moet het maar doen, playbacken in het Chinees. Ze hadden dat meisje blijkbaar uitgekozen omdat ze mooiere tandjes had dan het andere. Het meisje dat echt zong had lelijke tandjes en de pers vond dat erg. Maar ik vind dat wij daar geen opmerkingen over moeten hebben.

Wij hebben tenslotte toch ook Verhofstadt ingeruild voor Leterme.

Natuurlijk was alles getrukeerd op die openingsceremonie in Peking. Dat besefte ik voor het eerst toen ik beelden zag van prins Filip in de tribune. Hij leek wel een terracotta soldaat. Dat was dus getrukeerd. De Chinezen hebben gewoon dat beeld stilgezet. In werkelijkheid stond prins Filip op zijn stoeltje in zijn bloot bovenlijf te zwaaien met vlag. Die van Tibet.

Ik snap overigens nog altijd niet wat prins Filip op die openingsceremonie ging doen. Andere landen pakten uit met de numero uno. Frankrijk was daar met Sarkozy, Amerika met Bush, Rusland met Poetin. Wij stuurden prins Filip. Dat is toch een niveauverschil? En dus waren ook die eerste weken van de Olympische Spelen een drama voor België. Twaalf dagen niets, helemaal niets. Geen goud, geen zilver, geen brons... Hoewel, er werd enorm zwaarwichtig gedaan over het feit dat een Amerikaanse ruiter een bronzen medaille had gewonnen op de rug van een paard dat ooit eens een dag op een wei in Sint-Gillis-Waas had gegraasd. We kregen hele reportages over die wei, het gras, de aarde. Want ja, het was toch een beetje onze medaille ook...

Nog zoiets: het 'Olympisch Diploma'. Ik had daar nog nooit van gehoord. Bleek dat bestemd voor atleten die vierde tot achtste eindigen. Het Olympisch Diploma... jongens toch. Zilver en brons zijn al troostprijzen voor sporters die niet konden winnen. Je moet niet nog eens een extra diploma geven. Speciaal voor Belgische atleten komt er straks iets voor de plaatsen 9 tot en met 16. Ik tip op een krasbiljet van de Nationale Loterij.

Zou er nu ook maar één atleet gelukkig zijn met zijn Olympisch Diploma? Zouden atleten dat inkaderen en aan de schouw hangen? Zouden die zeggen aan een bezoeker thuis: 'Je moet eens kijken hoe we verloren hebben, vier jaar voorbereiding, vier jaar dieet, vier jaar geen seks, en niets hé... Nee, geloof je mij niet? Kijk het hangt aan de muur als bewijs.' Deelnemen is belangrijker dan winnen, maar je moet de verliezers niet helemaal belachelijk maken.

Ik slaakte een plaatsvervangende zucht van verluchting toen België na twaalf dagen opeens een eerste medaille behaalde met die 4x100-damesploeg. Een zilveren medaille... Dat was een kippenvelmoment. Naar verluidt heeft prins Filip Kim Gevaert gebeld van zodra ze over de finish was gekomen, om haar te feliciteren. Die drie andere meisjes van de 4x100 kregen geen telefoontje van de prins, want 'die hadden onderweg opgegeven'.

Een paar dagen voor die zilveren 4x100 had Kim Gevaert in haar individuele 100 meter een beetje gefaald. Ze zei in een bui van verslagenheid: 'Ik stop ermee. Ik loop nog de 4x100 en dan ga ik mij terugtrekken om kinderen te krijgen, voila.' Van de prins geen kwaad, maar je moet hem niet op gedachten brengen. Gevaert was nog maar juist over de aankomstlijn toen prins Filip dus aan de lijn hing: 'Mevrouw Gevaert, dat zal niet gaan, u terugtrekken om kinderen te krijgen. Ik heb dat jaren zo geprobeerd en dat marcheert echt niet...'

Onmiddellijk na de 4x100 deed Kim Gevaert ook een politieke uitspraak. Met die drie andere meisjes naast haar zei ze: 'We hebben willen tonen met deze zilveren medaille dat als de Belgen samenwerken we tot mooie prestaties in staat zijn.' Opmerkelijk dat Bart Dewever 's anderendaags, toen Tia Hellebaut goud haalde, vergat op te merken: 'Maar als de Vlamingen alleen springen, winnen ze goud.'

77

Mac

Prins Filip en prinses Mathilde gingen voor de eerst keer uit eten in de McDonald's. Ze waren op wandel in Brussel en opeens zag Filip die grote M.

'Kijk Mathilde, dat is voor u,' zei de prins.

'Nee, Filip, dat is de M van McDonald's. Dat is een restaurant.'

'Oh, een restaurant. Kom, we gaan een spaghetti eten.'

'Nee, Filip, dat kan niet bij McDonald's. Bij McDonald's begint alles met Mac.'

'Oké, mac ik binnen?' zei Filip.

'Filip, ge begrijpt mij verkeerd. Alle gerechten beginnen daar met Mac. Ge hebt McChicken, dat is met kip. Ge hebt McFish, dat is met vis.'

Waarop Filip: 'Aha, macreel?'

'Dat kan, Filip, maar dat maakt niet uit. Maar alle gerechten beginnen daar met Mac. Hebt gij dat begrepen?'

'Dat is mackelijk.'

'Bon, dan gaan we nu naar binnen. Maar dus geen spaghetti bestellen, hé. Alle gerechten beginnen daar met Mac.'

'Oké, dan ga ik nu binnen en dan ga ik bestellen... Goedendag, juffrouw, voor mij een macaroni.'

Eén op de acht Belgen is arm

Even tellen :
1 Fabiola
2 Albert
3 Paola
4 Filip
5 Mathilde
6 Astrid
7 Lorenz
...8 Laurent

Het klopt!

A capelli

Het meest wereldschokkende nieuws van de afgelopen jaren was het afscheid van de pruik van Helmut Lotti. De Elvis Presley van Ledeberg, de Pavarotti van Heusden-Zolder is veranderd in de Kojak van Antwerpen. Lotti goes klets! Hij zingt voortaan *a capelli*. Lotti had al die jaren rondgelopen met zo'n Museeuwke, zo'n Roger De Vlaeminckske, een koersklakse van haar. Mij was het nooit opgevallen, maar zijn fans wisten het al jaren! Ze zaten er ook niet mee, want het moet gezegd, de helft van Lotti zijn toeschouwers draagt zelf een pruik. En de andere heeft een hoorapparaat... om hem nog beter te kunnen horen, natuurlijk.

Hoe zou zijn nieuwe vrouw Jelle Van Riet erachter gekomen zijn? Stond ze midden in een vrijpartij opeens met zijn
toupet in haar handen? 'Erh, Helmut, uw hoofd komt los...'
Je zou voor minder bellen naar sos Liekens. Het is ook altijd
wat met die zangers. Ze hangen met nietjes en lijm aan elkaar.
Michael Jackson kon, bij leven, zijn neus eraf halen.

Mevrouw Jelle Lotti heeft op een slimme morgen gezegd:
'Nu is het genoeg geweest. Eén zotte muts is genoeg, Helmut... en dat ben ik. Dat helmutsje gaat eraf.' Ik vond het een
goed idee. Nu hem er nog van overtuigen dat hij niet meer
moet zingen. Want wacht maar tot Jelle ontdekt dat ook zijn
stem niet echt is.

In elk geval chapeau voor zijn vrouw, toupetje af! Oeps,
foutje. ik mag het niet hebben over 'toupet'. Ik heb daar
opmerkingen over gekregen. Wat Lotti op zijn hoofd had
was een 'kunstwerk van Haarwerken Smets uit Boom'!
Haarwerken Smets zitten langs de A12 in Boom... tussen
Carpetright en Pelsland. Wat Lotti droeg was dus geen valse
pruik, het was echt haar! Echt haar van echte kinderen en
echte vrouwen van over de hele wereld. Van de sloppenwijk
van Perucchia tot de kloosters van Postiche. Ik herinner me

persfoto's in de weekbladen van kinderen die in extase zaten te luisteren naar Helmut Lotti. Die kinderen vinden dat hij zo hemels kan zingen, dacht ik. Maar nee, dachten die kinderen, dat is mijn haar!

Burggraaf met een zuignap

Volgens Frank Deboosere deed ruimtereiziger Frank Dewinne heel belangrijk wetenschappelijk onderzoek in het iss. Moeilijk te geloven. Ze toonden altijd beelden van iemand die gewichtloos probeert een zwevende balpen te pakken of een druppel water te slurpen als ze het over het 'wetenschappelijk onderzoek' hadden. Het laatste dat ik heb opgepikt is dat een clown naar het iss werd gestuurd, hij had een Belgisch experiment mee. Wetenschappers wilden bier testen in gewichtloze toestand. Daarvoor moet je toch niet in de ruimte. Ga naar Ans, daar woont Michel Daerden.

Dat wetenschappelijk onderzoek in het iss is zwaar over- roepen. Je ziet die Dewinne altijd maar telefoneren met een paar onbekende schoolkinderen. Als je dat doet via een chatsite word je gearresteerd. Ook prins Filip heeft gebeld met Frank Dewinne. Hij wilde weten wat er in de sterren geschreven stond. Naar het schijnt heeft Prins Filip een grap uitgehaald met de astronaut. Midden in hun telefoongesprek zei hij plots: 'Mijnheer Dewinne, pas op, achter u, een Grote Beer!'

Astronauten zijn altijd aan het bellen. Gelukkig hands- free. Als je weet wat Belgacom rekent aan roamingkosten, dan is het logisch dat ruimtereizen een dure aangelegenheid zijn. Onze vorige astronaut Dirk Frimout heeft bij wijze van compensatie een job gekregen bij Belgacom.

Als commandant Dewinne terug is van het ruimtesta- tion iss, kan hij aan de slag als hoofd van een kuisploeg bij Schoonmaakbedrijf iss. Hij kan niet alleen leiding geven, hij kan ook wc's schoonmaken. Want uitgerekend de dag voor onze nationale feestdag kwam het bericht uit de ruimte dat de wc verstopt zat. 'Houston, we have a *big* problem.' Wat moet je dan doen? Even een ruimtewandeling maken? Het in de bosjes doen? En er zweeft veel om en rond dat station maar geen toi-toi.

Bovendien kun je, zoals in de cafés, in de ruimte door die gewichtloosheid geen grijze vuilniszak op het urinoir hangen met daarop een bierviltje met "defect".'

Maar mijn respect voor Frankske Dewinne. Dan heb je dertig jaar gestudeerd, ben je gevechtspiloot geweest, heb je Russisch geleerd, ben je topfit én astronaut, en dan vragen ze je om het riool in te duiken. Dat is op de begane grond al geen lachertje, maar in de ruimte zeker niet, met die gewichtloosheid! En die man is dan commandant. Dewinne was de eerste Europese gezagvoerder van een Russisch ruimteschip! Prins Filip zei het al: 'In de ruimte is er geen protocol.' Dewinne is in de adelstand opgenomen als burggraaf. Hij gaat de geschiedenis in als de burggraaf met de zuignap. Le Comte de la Ventouse. Na kapitein Spock, kapitein Destop.

Manieren om gevangenissen te verlaten

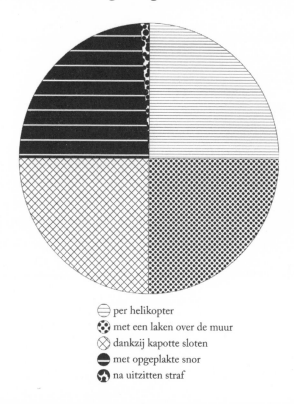

⊜ per helikopter
⊛ met een laken over de muur
⊗ dankzij kapotte sloten
⬤ met opgeplakte snor
❂ na uitzitten straf

M!lf

Ieder jaar weer opnieuw is er een spectaculaire ontsnapping uit een Belgische gevangenis. Meestal is dat tijdens de vakantie. Tja, die mannen willen er ook eens uit. De meest opvallende van de laatste jaren was die ontsnapping per helikopter uit de gevangenis van Brugge. Je houdt het niet voor mogelijk, maar de cipiers, zo bleek uit een reactie, werden verrast door de helikopter. Hoe kun je iemand verrassen met een heli? Het vliegt in slow motion en maakt meer herrie dan een *getunede boomcar*. Dat is niet raprap van zoefzoef, landen, oppikken en weer weg. Zo'n helikopter maakt een ongelooflijk lawaai. Hoe diep moet je liggen slapen om dat niet te horen aankomen? Los daarvan, het is niet zo dat een heli onmiddellijk op de grond staat, dat gaat heel langzaam en voorzichtig, zakken op de landingsplaats, proberen op die grote letter 'H' te landen. Of in de gevangenis in Brugge op die grote letter 'G'. Je zou toch denken, de security heeft ruim de tijd om de alarmknop in te duwen. Maar nee dus. Ik vermoed dat ze naar de Tour de France op tv zaten te kijken en gehypnotiseerd waren door de stem van Michel Wuyts.

Van heel dat ontsnappingsverhaal onthoud ik één ding: namen zijn belangrijk. Gangsterliefje Lesley Deckers had als schuilnaam 'Kelly Verstraete' gekozen. De deelnemers aan Junior Songfestival doen meer moeite om een naam te zoeken. Toch was dat slim bekeken van dat meisje. Kelly Verstraete is een naam om aan de kassa te zitten van de Lidl, niet om een helikopter te kapen. Je bent de onschuld zelve met zo'n Vlaamse naam. Met een Vlaamse naam is het in de pers steeds weer een totale verrassing dat er ook maar een greintje kwaad achter zit. Als je een onuitspreekbare niet Vlaamse naam hebt, dan ben je op voorhand gevaarlijk: Ashraf Sekakki, Nourdin Taouil... Dat is om moeilijkheden vragen. Een Salafistische Wahabiet die rekruteert in Zuid-Waziristan klinkt veel gevaarlijker dan een Vlaams chiromeisje van Hoboken Kiosk. Het is zoals met de opsporingsberichten op tv: als het een vreemde naam is, zoeken ze altijd getuigen. Als het een Vlaamse naam is, dan is bompa niet teruggekeerd van zijn avondwandeling en moet hij dringend zijn pilletjes nemen.

In de berichtgeving over die helikopterontsnapping ging het ook zo. Het klonk zelfs dat 'ons Lesley gevaar liep'. De speurders hadden schrik in haar plaats! 'Ze heeft het instinct niet van een gangster...' waarschuwden ze. Dus: miss Hoofddoek Hoboken 2009 kaapt een helikopter, vliegt ermee naar de gevangenis, pikt daar een paar boeven op, zet een gewapende handlanger buiten, is de laatste die ze kunnen oppakken... En de speurders zeiden: 'Ocharme, dat Vlaams meisje.'

Onderschat de Vlaamse vrouw niet. Ze zullen haar niet temmen de fiere Vlaamse. Lesley Deckers is het echte Man Liberation Front.

Wat ik doe met mijn volle Delhaize stempelspaarkaart?

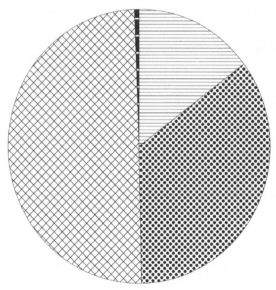

⊖ Bij die andere kaarten leggen om ze in één keer in te wisselen
❖ Ze thuis vergeten als ik naar de winkel ga
⊗ Vaststellen dat de uiterste inleverdatum verstreken is
⬤ Inruilen voor een GRATIS product!

Baudouin, trek eens aan mijn vinger

Eén aanslag van de laatste jaren heeft indruk gemaakt. In Nederland probeerde een pipo om op de koninklijke familie in te rijden met een Suzuki Swift. Voor alle duidelijkheid: de koninklijke familie zat in een mega cabrio dubbeldekbus, die terrorist viel aan met een lullige Suzukietje. Het had een groot Kiekeboegehalte. Alsof je het nieuwe jacht van Koning Albert zou aanvallen met een luchtmatras. Of de baard van Prins Filip te lijf zou gaan met een ladyshave.

Of koningin Fabiola met een kruisboog. Dat laatste klonk dan meer als een stunt voor de viering van vijftig jaar De Rode Ridder. Iemand wilde de *queen mother* te lijf gaan met een kruisboog. Ja, het verwondert me niet dat het iets zou zijn met een kruis. Dat is nog een wapen uit haar jeugd. Fabiola heeft Wilhelm Tell nog persoonlijk gekend. Natuurlijk weet ik wel dat dat niet zo is, anders krijg ik weer brieven van mensen die zeggen, dat klopt niet want Wilhelm Tell leefde in de veertiende eeuw. Dat is de tijd van Jan Breydel, Pieter Deconinck en Herman Decroo.

Wie er achter die bedreigingen zat, is nooit bekendgemaakt. Was het een republikeinse kruisvaarder? Het leek me niets voor een Vlaams nationalist, dan ware het wapen een goedendag geweescht. Het leek me eerder nog een denkoefening van de Staatsveiligheid. Er gebeurt nooit iets in dit land en hoe moet je dan die zotte kosten verantwoorden in tijden van besparing.

Mij maak je niet wijs dat die dreiging ernstig was, anders was heel het nationaal defilé niet doorgegaan. Het enige wat de Staatsveiligheid als voorzorgsmaatregel aan Fabiola had gevraagd was om geen roos te dragen. Sommigen beweerden dat Fabiola op het nationaal defilé een kogelvrije vest zou dragen. Een kogelvrije vest tegen een kruisboog... Dat is hetzelfde als een wollen muts tegen een aanval met kernwapens, of een zonnebril tegen geluidsoverlast. Als Fabiola zelf had mogen kiezen hoe ze zich zou beschermen dan had ze wel een bijbel op haar hart gedragen. Uiteindelijk verscheen ze met een appel in haar hand! Iedereen dacht dat het een grap was van Fabiola. Over grappen van anderen laat ik me zelden uit, maar dit zet je toch aan het denken: wat heeft er zich al die jaren afgespeeld achter de muren in Laken? Hoor je haar al: 'Baudoin, trek eens aan mijn vinger...'

Kenners beweren dat de koninklijke familie héél véél zin voor humor heeft. Ik heb zo mijn twijfels. Ik zal mijn twijfel staven aan de hand van de hoofddeksels van Fabiola. Het is niet omdat wij ze grappig vinden dat ze zo bedoeld zijn. Bovendien weet ik dat als iemand iets op zijn hoofd zet, het altijd ernstig bedoeld is. Weze het pruik, pet, kepie of hoofddoekje.

Als koningin Fabiola echt die kruisboogschutter had willen belachelijk maken, dan was ze verschenen met een appel op haar hoofd. Ze draagt hoeden waar wel een hele kist appelen op kan staan, zelfs een appelboom. Zet Fabiola op de binnenkoer van een gevangenis en er kan geen helikopter landen.

De werkelijkheid is eerder dat Fabiola is zoals alle bejaarden, ik weet dat uit goede bron. Je weet hoe dat gaat: bejaarden

draaien van alles in hun handtas of vest. Geen enkel vijfen-
zestigplusser verlaat een café zonder de ongebruikte suiker-
tjes, melkjes, koekjes, ja zelfs kopjes, te hamsteren. Zogezegd
voor de kleinkinderen of de neefjes of nichtjes. Meestal echter
om hun pensioen aan te vullen.

Moord en doodslag zijn uit den boze. En hoewel ik zeer
twijfel dat een van mijn lezers in aanmerking komt, toch deze
oproep aan wie Fabiola dood zou willen. Heb geduld. Laat de
natuur toch haar werk doen.

En dan nog dit. Een van de meest ontroerende zinnen van
de voorbije jaren kwam uit een interview met Fabiola. Ze zei
dat ze, vijftien jaar na het overlijden van koning Boudewijn,
nog dagelijks brieven krijgt die gericht zijn aan koning Boudewijn.

Het is toch wel godgeklaagd met die Belgische post.

Als je aan de computer zit, denken je ouders dat je zit te chatten met

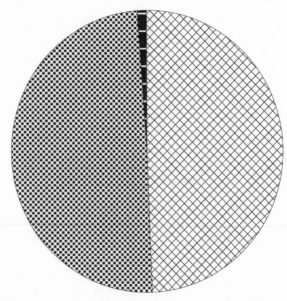

⊗ een pedofiel
● een moordenaar
⬤ iemand uit je klas met wie je een groepswerk probeert te maken

P.I. Dedecker

Plotsklaps lekte uit dat Jean-Marie Dedecker een detective had ingeschakeld die zijn politieke tegenstanders in diskrediet moest brengen. Niet slecht gevonden in een land dat Aspe en Witse verslindt. Maar helaas, het was op het niveau van de Kolderbrigade of van detective Van Zwam uit Nero.

Bovendien betrapte ik de judocoach op geografische onzin. Om iets te onderzoeken in verband met de rechtbank in Veurne nam Dedecker uit Oostende een detective uit Hasselt. Is dat nu je gezond verstand gebruiken? Als je in Oostende woont en je wilt iets laten onderzoeken in Veurne, en je bent geboren in Nieuwpoort, dan neem je toch een detective van CSI Middelkerke of NYPD Koksijde, of een polderspeurder uit Mannekesvere, Zoutenaaie, Wulpen, Lampernisse of Spermalie?

Het verhaal van die speurneus rammelde aan alle kanten.

De waarheid is als volgt. We weten dat Jean-Marie een zwetende brok hormonen is. Dedecker, de naam zegt het zelf. Toen zijn vrouw hem op een donkerblauwe maandag vroeg 'Jean-Marietje moe je nu were naar Hasselt'... is de casanova afgekomen met een ingewikkeld verhaal van een patent dat daar moest worden onderzocht. Ik weet wel beter. Het was gewoon een vrouwenaffaire. Politici kunnen niet van de vrouwen blijven. Stof genoeg voor een handvol tv-programma's. Tijd voor *Politicus zkt scharrel*, *De zevende nacht*, *De matrassen van de Wetstraat*, *Villa erotica...*

Wat is er uiteindelijk uit dat zogenaamde onderzoek van Dedecker gekomen? Dat de zoon van Degucht, Jean-Jacques de Schone, nog geen twee dagen gewerkt had in zijn leven. Dat kan ook moeilijk anders, die jongen kwam net van de schoolbanken. Hij is zo jong en zo blond, het scheelde niets of hij zou Kathleen opvolgen bij K3. Als je hem tijdens de verkiezingen zo'n moeilijke uitleg hoorde geven, dan dacht je toch: van één ding kun je JJ niet verdenken, van het hebben van voorkennis.

Jean-Marie Dedecker is de mens geworden bladblazer. Het maakt een pokkenherrie maar het blaast de rommel in de tuin van de buren. Bij Dedecker gaat het niet om problemen oplossen maar vooral om lawaai maken. Een kartel of fusie tussen open VLD en LDD zit er de eerste jaren nog niet in. Er is een oud Vlaams gezegde dat zegt: 'Van speculoos kun je speculoospasta maken, maar van speculoospasta kun je geen speculoos maken!' Jammer dat LDD niet samen is gegaan met het Vlaams Belang. Ik had een goeie naam voor die politieke partij: 'Blok & Decker'.

Remote control

Prins Filip heeft een baard, nog iemand die zijn look verandert. De laatste keer dat een Belgische koning een baard had, werden er nog dagelijks olifanten geboren in ons land. Maar ja, toen hadden we nog Kongo. Mathilde heeft er altijd van gedroomd: een prins met een witte baard.

Filip verscheen voor het eerst in het openbaar met zijn baard op de rampsite na de brand in een bejaardentehuis in Melle. De prins zag er meer uit als een plunderaar dan als koninklijk bezoek. De bejaarden hadden hem eerst niet herkend. Je zag ze angstig denken: de bospoeper!

We weten het inmiddels in ons land. Als Filip op een ramp verschijnt, wordt die niet ernstig genomen. Voor het echte werk hebben we een koning. Prins Filip kwam twee dagen na de feiten, was ongeschoren en maakte een verwarde indruk.

Wat was de conclusie van sommige royaltywatchers? 'De prins is klaar voor het koningschap.' Toen zijn broer Laurent een paar jaar geleden zijn baard liet staan, zeiden diezelfde kenners nog dat die baard het bewijs was dat hij depressief was...

Ik heb er inmiddels een gewoonte van gemaakt: telkens als ik iets hoor over prins Filip zeg ik spontaan: 'Ah, hij is er klaar voor!' Als je het maar genoeg herhaalt, dan ga je het wel geloven. Maar het mag stilaan wel beginnen te komen. Prins Filip is de vijftig voorbij. Op die leeftijd had zijn vader al kinderen bij een andere vrouw. Overigens, zijn grootvader ook, die was al voor de tweede keer getrouwd. Filip heeft er veertig jaar over gedaan eer hij de eerste vrouw durfde aan te spreken.

Het is ook maar een mens, dus Prins Filip heeft recht op een beetje midlifecrisis. Ik zie het zo voor me. 's Morgens als Mathilde vrolijk de kamer binnenkomt om de rolgordijntjes op te trekken. Dat hij op de rand van het bed gaat zitten. 'Tiens, Mathilde, die bol hangt scheef.' Want ja, hij kan het Atomium zien vanuit zijn slaapkamer.

'Mathilde, wat moet er van mij worden? Ik ben al vijftig jaar in opleiding maar ik kan niets. Wat moet ik doen?'

'Kom kom, Filip, niet verdrietig zijn. Wat kunt gij niet allemaal zonder hulp van buitenaf?' probeert Mathilde hem te troosten. 'Veters knopen, neus snuiten én gij spreekt toch uw vreemde talen.'

'Ja, mijn vreemde wel...'

'Gij kunt zelfs met een helikopter vliegen.'

'Mathilde... Dat is niet waar... Ik doe maar alsof... Voor de kinderen.'

'Hoe kan dat? Ik zie jou instappen én je draait rondjes boven het grasveld?'

'Ja, maar ik vlieg niet zelf: er staat iemand van de Luchtmacht in de bosjes met een afstandsbediening.'

Oh nee, zeg dat het niet waar is

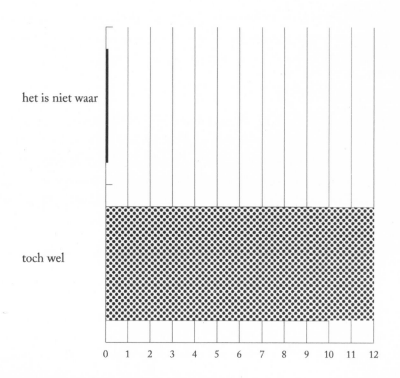

Yves is ziek

Toen voormalig premier Yves
Leterme in het ziekenhuis werd
opgenomen met maag- en darm-
problemen was dat een eigenaardig
moment. Hij was flauwgevallen
en bloed beginnen op te hoesten.
Leterme had nog maar voor vijf
minuten politiek bloed. We hadden
bijna geen premier meer – en hij was
toen nog niet eens premier geworden. Dat was een dubbel drama.

We moeten eerlijk zijn. Wij voel-
den het een beetje komen. We zagen
Leterme heel snel verouderen. Ieder
uur zag hij er ouder uit. Ik keek 's
middags naar het nieuws en ik dacht: oei, hij ziet er oud uit.
Ik keek 's avonds en ik dacht: oei, die is weer verouderd. En
tijdens het laatavondjournaal dacht ik: oei, hij ziet er nu nog

ouder uit. En dat bleken uiteindelijk gewoon altijd dezelfde beelden...

Nu beweer ik niet dat we Leterme kenden als het toonbeeld van gezondheid. We kenden hem niet vanwege zijn blozende wangetjes, maar vroeger zag hij er toch niet zó ongezond uit. Hij zag er niet zo zonnebankbruin-gezond uit zoals Patrick Dewael, hij zag er eerder Vlaamse-wielertoeristen-met-pothelm-op-zondagmorgen-gezond uit. Om zijn conditie op peil te houden, ging hij soms fietsen. Verhofstadt deed dat ook. En zowel Verhofstadt als Leterme zijn terechtgekomen in het ziekenhuis. Mensen die fanatiek met sport bezig zijn, hebben dat wel eens voor.

Jean-Luc Dehaene heeft dat probleem niet, dus moet hij het ook niet oplossen als het zich zou stellen. Jean-Luc kennen we toch niet vanwege zijn sportieve gedrag. Le Coq Sportif? Nee, Jean-Luc heeft toch nooit aan sport gedaan. Of het moet zijn als sumoworstelaar. Bij de pluimgewichten, vanwege van zijn familienaam.

Jean-Luc Dehaene werd nooit ziek. Dioxinecrisis: hij heeft een weekje moeten rusten. De vogelgriep: nooit iets van gemerkt. Hij mocht zelfs een tong draaien met een zeehond.

105

Ze moesten die zeehond wegvoeren naar Sealife. Dehaene heeft zelfs nog nooit een verkoudheid gehad. Een valling misschien, maar een verkoudheid: jamais. Zie je hem al met een druipneus? Ik denk dat bacteriën en bacillen en virussen schrik hebben van Dehaene.

Ik heb Dehaene maar één keer weten niezen, één keer, en ik zal het nooit meer vergeten. Hij had geen zakdoek bij zich. Dat was in het Koning Boudewijnstadion. En ik zat enkele rijen achter hem. Ik zag duidelijk Dehaene zitten. Hij begon plots te zwellen. Ik voelde die nies komen. En hij zat daar, steeds zwellend en zwellend. En opeens... 'Dexiaaaaa!'

De mensen die voor hem zaten, zullen het ook nooit meer vergeten. De mensen van het Rode Kruis gaven handdoeken door. De tribune werd gedweild. De atletiekpiste rond het veld was kletsnat. En de grasmat van het Koning Boudewijnstadion moeten ze nog steeds draineren. Ik weet wel waarom de Rode Duivels zo slecht spelen.

Hoe Yves ziek werd

Yves Leterme was vroeger bezig met zijn gezondheid, maar toen was er ook geen probleem. Hij was nog geen premier, woonde nog in Ieper, en daar is het leven gewoon rustig. Als je in Ieper woont, valt de gezondheid met bakken uit de lucht. Yves Leterme werd er 's morgens wakker en hij begon met een paternoster of met een Onzevader en drie Weesgegroetjes. Hij ging vervolgens naar de keuken en at een boterham met een speculooskoekje, dat hij dopte in zijn koffie. Zo droop dat op zijn boterham. Speculoospasta was toen nog niet uitgevonden. Hij dronk een glas warme, verse geitenmelk en trok naar Brussel, onverwijld.

In Brussel had hij die luxe natuurlijk niet meer. Want een keer premierwaardig pendelde Yves Leterme tussen Brussel en Ieper. Hij woonde een paar dagen in Ieper en dan weer een paar dagen in Brussel. Hij had een latrelatie met zijn geit. Hij pendelde om zo te zeggen tussen zijn twee geiten, tussen Trudy en Joelle. Joelle Milquèèèèèèèèèt.

Leterme moest zijn verse producten van de Westhoek missen. En wat doe je dan als je in de stad woont? Dan geloof je de filmpjes op televisie met al die kleine potjes vol gezondheid. Yves Leterme heeft dat ook gedaan. Alle dagen Yakult voor het evenwicht, en Actimel voor de weerstand, en Calcifort voor de beenderen, en Activia voor de *active transit*, Essensis voor de huid, Benecol voor de cholesterol en Danacol om alles door te spoelen.

Op een vrijdagavond in februari kwam Yves Leterme thuis en zei hij tegen zijn vrouw: 'Ik voel mij niet lekker.' Of zoals dat dan in Ieper gaat: 'ek voeln me nie hoed, eneh. Ik ha noh een hlas drinken in den hof met Trudy.' Zijn vrouw zag hem vertrekken met een trappist van Westvleteren.

Twee minuten later keek ze naar buiten en zag ze hem niet meer. Ze stormde naar buiten en zag haar man daar liggen, in een plas bloed en in coma. Later vertelde zijn vrouw: 'Hij had nog maar 2,5 liter bloed in zijn lichaam.' Dat hij nog bloed had, vond ik al sowieso een wonder. Zijn collega's hadden hem al driehonderd dagen het bloed vanonder zijn nagels gepest. Maar hij had nog 2,5 liter bloed. Hoe je dat onderzoekt, is mij een raadsel. Moet je het dan allemaal laten aftappen om het precies te kunnen meten?

Het was dus schrikken, die vrijdagavond in Ieper. Gelukkig heeft Yves' vrouw onmiddellijk gebeld naar de dokter van wacht, en dat was dat weekend een veearts. De dokter zag dat het beestig fout was en stuurde Leterme naar Gasthuisberg in Leuven. Dat vond ik vreemd, want als het dan zo ernstig was, waarom breng je hem dan niet naar een ziekenhuis in de buurt?

Yves is genezen

Niemand wist wat Yves Leterme precies had, maar het was wel op het nieuws dat hij in allerijl was weggevoerd naar het universitair ziekenhuis in Leuven voor verdere onderzoeken en dat hij in een coma lag. Allerlei speculaties deden de ronde van wat hij zou kunnen hebben. Sommigen zeiden: 'Het is misschien een jetlag van dat pendelen tussen Ieper en Brussel alle dagen.' Op het nieuws van acht uur zeiden ze: 'Het is hoogstwaarschijnlijk Hepatitis A.' Om negen uur was het al: 'Het is hoogstwaarschijnlijk Hepatitis B.' Om tien uur ging het alle kanten op: 'Het is hoogstwaarschijnlijk Hepatitis C, D, & V.'

Tegen dan waren ze hem allang volledig aan het onderzoeken in Leuven: zijn

slokdarm, zijn maag, zijn twaalfvingerige darm, zijn dunne
darm, zijn dikke darm, zijn gendarm. Alles, van stembusin-
gang tot exitpoll.

De dokters vonden grote, zwarte knobbels op Letermes
slokdarm, zo groot als een zwarte bessen. Ik dacht: verdorie,
hij heeft blackberry's. Het bleken spataders op de slokdarm
te zijn. Ik had daar nog nooit van gehoord. Ik wist niet dat
je dat kon hebben. Spataders op de slokdarm, is dat ongeveer
hetzelfde als omgekeerde aambeien? Spataders heb je toch
normaal op je benen? Hoe kan dat daar opeens komen? Kun
je dan ook een maagzweer op je voorhoofd krijgen? Spataders
op je slokdarm moet een ernstige ziekte zijn, hoe moet je dan
in godsnaam je steunkousen aantrekken?

Na zeventien dagen werd de voormalige toekomstige premier ontslagen uit het ziekenhuis. Het enige ontslag dat een
beetje vlot ging bij hem. Dezelfde dag plaatste hij een filmpje
op YouTube. Hij zei dat hij genezen was. Best dat hij het zelf
zei, want je kon het er niet aan zien. Tegelijkertijd liep er een
filmpje van Fidel Castro die in zijn Adidaspak door de gangen van een hospitaal in Havana slofte. Hij zag er beter uit
dan ónze grote leider.

Yves had zeventien dagen in Gasthuisberg gelegen en
kreeg via transfusie een paar liter bloed. Vaststelling: voor
zijn opname had hij driehonderd dagen geprobeerd een regering te vormen. Dat was niet gelukt. Dan kreeg hij bloed van
iemand anders en binnen de veertien dagen hadden we een
regering. Opeens lukte het wel. Nog een geluk dat Leterme
geen wielrenner was. Hij zou betrapt zijn op bloeddoping,
en dan zou de regering niet hebben geteld. Maar dat deed ze
misschien toch al niet.

Gebruik van de woorden 'gelukkig nieuwjaar'

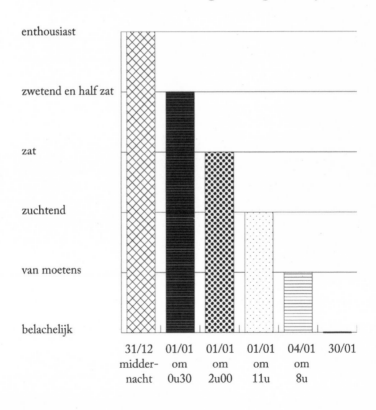

De Tia Hellebautsprong

We houden aan die al dan niet vermeende canapébenoemingen van politiecommissaris C. en zijn twee secretaresses wel een mooi nieuw Vlaams woord over, 'de Tia Hellebautsprong'. Dat wil zeggen dat je in één keer een zeer grote promotie maakt. Het woord werd uitgevonden door iemand die niets van hoogspringen afweet. In het hoogspringen moet je namelijk eerst springen en daarna pas kom je met de rug op de matras terecht.

Wat een rare verhalen zijn dat toch allemaal? Kan ik het helpen dat alles meteen weer seksueel getint is? De vrouwen bij de politie maken nog het snelst promotie op natuurlijke wijze. Ik kan me voorstellen dat die secretaresses 's morgens op het bureau zeggen: 'Oh, commissaris, is that a gun you're holding in your pocket, or are you just happy to see me?'

Waarop de commissaris: 'Alletwee, sjoeke... Wilt ge een keer mijn blaam zien?'

Bij onze politie is het één grote naai- en graaicultuur geworden. Vroeger was dat gewoon foefelen, letterlijk en figuurlijk. 'Ze proberen zichzelf te verrijken,' las ik, maar dat is een loze beschuldiging. Ik denk dat het meer te maken heeft met het gebrek aan kennis van het Nederlands van die secretaresses. Ik kan me voorstellen dat die commissaris 's morgens van achter zijn bureau dicteert: 'Voor het einde van de week wil ik een groot intern onderzoek, een interne audit, enfin groot, dat zal een blad papier zijn, een A4.'

Zo'n secretaresse zit dan in zeven haasten te noteren: '...voor het einde van de week iedereen een interne audit...' tiens, audit is dat met d of met t... Ik wil geen taalfouten schrijven, ik ga dat anders oplossen... 'tegen het einde van de week iedereen een Audi A4...'

Het alcoholslot

De politie in ons land, dat is seks, drugs en alcohol. En dat mag je letterlijk nemen. Er wordt ontzettend veel gedronken bij onze politie. Zo herinner ik me een rel rond fraude bij alcoholcontroles bij de politie. Er kwam aan het licht dat er politiekorpsen zijn waar de agenten tijdens alcoholcontroles zélf moesten blazen omdat er anders niet genoeg positieve tests waren.

Gelukkig is er nu het alcoholslot voor bedrijfsvoertuigen. Dat wil zeggen dat de auto niet kan starten als de chauffeur gedronken heeft.

We gaan nog meemaken dat je, tegen het einde van zo'n alcoholcontrole 's avonds, wordt tegen gehouden en dat ze vragen: 'Hebt u iets gedronken?'

'Nee, ik heb niet gedronken.'

'Meekomen gij.'

'Maar ik heb niet gedronken!'

'Maar dat zeg ik toch niet. Je moet gewoon onze combi starten!'

Evident

Er is veel veranderd in vijftien jaar. Koning Boudewijn is weg, de Generale Bank is weg, het Gemeentekrediet is weg, de Belgische frank is weg. Het enige dat nog recht is blijven staan uit die periode is Wilfried Martens... Wilfried maakt een ongelooflijke comeback. Het begon met dat fameuze huwelijk van hem, zijn derde ondertussen. Bij Martens is het zoals zijn regeringen, hij moet ze ook beginnen te nummeren.

Martens is getrouwd met Miet Smet. Miet... Er stond in de krant dat haar echte naam eigenlijk Maria is, of zoals ze haar bij de gepensioneerden van Lokeren noemen, 'Hot Marijke'. Ik vond het zo spijtig dat ik niet bij de huwelijksceremonie

aanwezig was. Ik hoor zo die burgemeester vragen: 'Meneer Wilfried Martens, neemt u Maria Smet tot wettige echtgenote?' Waarop Martens: 'Da's evident...'
Toch was dit een knap staaltje van romantiek. Voor zover staal en romantiek samengaan, natuurlijk. Martens is in de zeventig en Miet Smet is eind de zestig en ze zijn nu nog getrouwd. Pas op, van mij mag het. Je mag op alle leeftijden trouwen, maar wees dan alstublieft een beetje discreet over uw privéleven. Martens en Smet vertellen alles. Dat is behoorlijk gênant. Zo waren ze als koppel uitgenodigd in *De keien van de Wetstraat*. De hele tijd ging het van 'Poes dit, Poes dat...' Voor alle duidelijkheid: dat zei Miet tegen Wilfried, een ex-premier, minister van Staat en wat weet ik nog allemaal. 'Poes!' We moeten dat soort mensen tegen zichzelf beschermen, anders zegt Celie Dehaene binnen een paar jaar tegen Jean-Luc: 'Kieken!'
Miet zegt wellicht 'Poes' tegen Martens omdat hij veertig jaar lang zijn kat heeft gestuurd. Ze hebben veertig jaar een relatie gehad, zeiden ze... Veertig jaar hebben die een relatie gehad en er is nooit fysiek contact geweest. Ze hebben zelfs niet geswaffeld. Niks van fysiek contact. Als Martens dat

zegt, gaan we dat maar geloven. Maar als je veertig jaar fysiek contact uit kunt stellen, dan heb je dat die voorbije maanden nog niet goedgemaakt. Of het moet pas sinds kort zijn. Er stond immers in de krant dat Japanse wetenschappers erin geslaagd zijn om een zestien jaar geleden diepgevroren muis weer tot leven te brengen.

Gebruik van het woord 'slim'

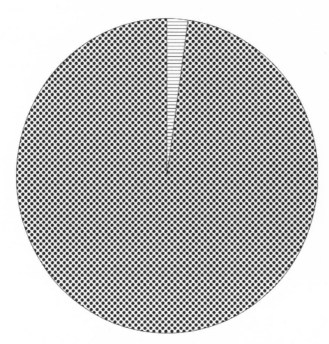

⊜ Om te zeggen dat iemands iets slims heeft gedaan
⚫ Om te zeggen dat iemands iets doms heeft gedaan

Bullets en bouletten

Minister van Landsverdediging Pieter De Crem denkt dat ons leger de problemen kan gaan oplossen in Afghanistan. Het Belgisch leger! Waar haalt hij zoiets? Hoe maalt dat hoofd? Het Russisch leger is daar niet in geslaagd, het Amerikaans leger is daar niet in geslaagd, maar nu zou het Armée Belge wel het verschil maken. Wat was de bedoeling eigenlijk? De Crem moest het leger afslanken. Zo te zien kiest hij voor natuurlijke afvloeiing.

De dag dat De Crem zijn eed als minister had afgelegd, de allereerste dag, is hij onmiddellijk naar het kabinet gegaan en heeft hij er het volledige kabinet geïnspecteerd. Een uur later was er al een persconferentie waarop De Crem zei: 'Mijn voorganger Flahaut heeft alles meegenomen, tot het laatste blaadje wc-papier.' En ik had met die De Crem te doen, want wanneer ontdek je dat het laatste blaadje weg is? Er verschijnt van alles over onze soldaten in de kranten. Onze militairen zijn te dik, ze zijn gestresseerd. We hebben in ons leger obussen voor tanks die we niet hebben. En we hebben tanks waarvoor we geen obussen hebben. Onze militairen hebben blijkbaar nog maar vier kogels per persoon. Vier kogels per persoon. Dat is pang... pang... pang... pang... en gedaan! En met een geluidsdemper is dat plopperdeplop. Met vier kogels kun je niet naar de oorlog. Je kunt Russische roulette spelen, dat wel, maar je kunt niet gaan vechten. En dan zegt De Crem ook: 'Ja, maar, onze militairen gaan niet naar Afghanistan om te vechten.' Als ze niet moeten vechten, stuur ze dan naar Saint-Tropez. Afghanistan blijft een gevaarlijk land, ook al ga je daar niet vechten.

Bovendien, als je je leger naar Afghanistan stuurt, en je zegt dat ze niet moeten vechten, is dat niet echt slim. Wij weten dat van het Belgisch leger, maar die Afghanen weten dat niet. Zie je onze militairen daar al staan op het slagveld, met hun handen time-out gebarend: 'Nee hé, niet schieten!

We doen niet mee. We doen niet mee. Niet schieten... We hebben maar vier kogels. We only have four... verdomme, kogels, wat is dat in het Engels... bouletten!'

Ga naar de bank, u ontvangt geen geld

Wat Yves Leterme in alle geval goed gedaan heeft, is dat hij ons van Fortis af heeft geholpen. Alstublieft, weg daarmee, vooruit. De helft van Fortis heeft hij aan Nederland gegeven. De Nederlanders zeiden: 'Hij heeft dat veel te goedkoop aan ons gegeven.' Maar ze weten nog niet dat wij dat beschouwen als ontwikkelingshulp. De andere helft heeft Leterme aan het Franse BNP Paribas verkocht. BNP is de afkorting van 'Brussel Naar Parijs'.

De bank heeft om begrijpelijke redenen een nieuwe naam. Een hele maand lang hebben reclamebureaus, reputatiemanagers en marketinggoeroes een cerveau-orage gehouden (een brainstorm). Een maand lang hebben ze gezocht naar een nieuwe naam voor de nieuw samengestelde bank van

BNP Paribas en Fortis. En wat is uit al die intellectuele arbeid voortgesproten? Het pareltje 'BNP Paribas Fortis'. Ik durf te wedden dat een van die directeurs nog een paar miljoen gekregen heeft, als bonus voor de goede vondst. Ik heb een betere naam voor het nieuwe Fortis: 'Terminus'. Het enige wat nog overschiet van Fortis in België is de holding. De naam dekt dan ook nog de inhoud, een hol ding.

Ook goed dat Leterme die bankdirecteuren buiten heeft gebonjourd. Het begrip bankrover heeft ondertussen een totaal nieuwe inhoud gekregen. De bankdirecteurs hebben meer uit Fortis binnengeladen dan alle bankrovers in de afgelopen twee eeuwen samen. Neem nu directeur Votron... Ik mag er geen grappen over maken want die mens is in het ziekenhuis beland. Hij had een burn-out. Hoogstwaarschijnlijk had zijn hij vingers verbrand terwijl hij zijn ontslagpremie aan het tellen was. En die andere directeur, Mittler. Die vroeg nog eens 900.000 euro extra, voor zijn pensioentje. Naast zijn vier miljoen ontslagpremie, vier miljoen... Ze noemen dat een gouden parachute. Begrijpelijk. Als je na zo'n ontslag thuiskomt zing je spontaan: 'Ik spring uit een vliegmachien.' Vier miljoen, dat is veel, als ze u vier miljoen ontslagpremie geven, wil dat zeggen dat ze u nooit meer willen zien. Maar niet bij Fortis, 's anderendaags mocht Mittler weer factureren.

Vier miljoen, probeer je je dat eens voor te stellen. Vorige week reed ik op de autosnelweg en werd ik ingehaald door een Range Rover van de politie, sirene en zwaailicht aan, met daarachter vier geldtransporten. Dat was de ontslagpremie van Mittler die ze naar zijn huis brachten. Hij wil dat geld natuurlijk niet op de bank zetten, veel te onveilig.

Wat ik dan niet snap aan dat verhaal, is dat wij medelijden moeten hebben met de banken en de bankdirecteurs. Ze zeggen: 'We kunnen er niets aan doen. Het is de schuld van de Amerikaanse kredietcrisis. Daarom hebben de banken nu geen geld meer.' Je moet dat zelf ook eens proberen, als je je lening niet kunt afbetalen. Dan moet je ook eens naar de bank gaan en zeggen: 'Ik kan er niks aan doen, het is de schuld van de Amerikaanse kredietcrisis.' Je zult het zien. Nog voor je buiten bent, staat de deurwaarder al aan je voordeur om alles op te schrijven.

Hoe komt het dat de banken geen geld hebben? Ja, die premies aan die directeurs is al één reden. Maar ze hebben de voorbije honderd jaar gigantisch veel geld uitgegeven aan grote gebouwen. Ze hebben megawinsten gemaakt. Je moet voor alles wat je doet bij je bank betalen. Er zijn instapkosten, uitstapkosten, beheerskosten, dossierkosten, portkosten. Er is zelf een speciale verzekering die we jaarlijks moeten betalen voor als het eens slecht gaat. Wel, is het nu geen pay-back-time?

Een mens moet voor alles betalen in een bank. Enkele jaren geleden zeiden ze toch dat thuisbankieren veel goedkoper was. Maar wat heb je nodig om thuis te bankieren? Een computer, een internetaansluiting, een internetabonnement, een router, een modem, een digipass, een speciale kaart, een M1, M2, een pincode, een challenge... Om aan je eigen geld te raken moet je met je eigen computer, in je eigen huis, tijdens je eigen werkuren, je eigen verrichtingen doen, en dan zegt de bank: 'Daar vragen we maar een kleine vergoeding voor.'

Een vergelijking. Je vraagt aan de winkelier een kilo bloem. Daarmee ga je naar huis. Je maakt er deeg van en steekt dat in je oven. Even later zet je je vers, nog ovenwarm broodje op je tafel. Je snijdt er mooie sneetjes van, die je met speculoospasta besmeert. Plots gaat de bel van de voordeur. Daar staat de bakker. Hij zegt: 'Dat is dan 12 cent...' Dat is wat de banken doen.

Bij de bakker kun je nog je voordeur toeslaan. Bij de banken niet, want die hebben je centen al. Elke maand gaat je geld rechtstreeks naar de bank omdat je het zelf niet zou verbrassen. En eenmaal ze je geld hebben, is het een heksentoer met geheime codes en kaarten om het terug te krijgen. Die mannen laten niet gemakkelijk los.

De banken zijn nog vier halve dagen in een week open en dan hebben ze vier loketten, één bemand, je staat met zes man aan te schuiven, en dan ben je eindelijk bij dat loket omdat je je eigen geld wilt. Dat zeg je: 'Ik had graag zeshonderd euro gewild.' Dan ze bekijken je zo: 'Zeshonderd euro! In één keer? Dat zal niet gaan, meneer... Daarvoor moet je een maand op voorhand bellen. Dat is een groot bedrag. Zeshonderd euro. Dat is boven uw daglimiet.' Maar als je vier miljoen wilt, luidt het: 'Hoe wilt ge het? In biljetten of in muntjes?'

Bovendien moet je langs een hele reeks martelpraktijken waar zelfs de inspecteurs van Amnesty International bleek van worden. Je moet je ID-kaart tonen en je kredietkaart en

als er dan eindelijk witte rook uit die computer komt, dan
schuift een loketbediende een papiertje onder het glas en moet
je dat tekenen. Met die eeuwige vuile balpen... Die hebben ze
dan nog een touwtje gehangen hebben zodat je hem niet zou
kunnen stelen!

Alsof je dat zou overwegen, zo'n vuile vieze balpen, afge-
knabbeld, met plakband. Mocht het dan nog de Montblanc
van Burggraaf Lippens zelf zijn, maar nee. Ze beschouwen
hun klanten vooral als dieven. Ik heb uitgerekend dat je met
die vier miljoen euro die Mittler gekregen heeft als ontslagpremie, in China genoeg balpennen kunt kopen zodat alle
Fortisklanten tot in 2099 bij alle bezoeken aan de bank iedere
keer gratis een balpen krijgen. Dat zou pas klantenbinding
zijn.

Ziehier mijn definitie van wat er is gebeurd tijdens de
fameuze bank- en de kredietcrisis. De banken hebben met
ons geld geld gecreëerd dat niet bestaat. Ik verduidelijk.
De banken hebben met ons geld, geld dat wel bestaat, geld
gemaakt dat niet bestaat. En wat is nu het probleem? Wel, dat
geld, dat niet bestaat, is in het echt wel verdwenen. En dan
zegt de overheid: 'Omdat de banken geen schulden zouden

hebben, en niet in de problemen zouden komen, gaan we dat belastinggeld aan hen geven.' Het belastinggeld dat wel echt bestaat, dat wij wel echt gegeven hebben. Waarom geven ze dat niet gewoon rechtstreeks aan ons?

De Twitterconference

Op 13 juni 2010 waren er parlementsverkiezingen. Terwijl ik naar tv zat te kijken twitterde ik mijn bevindingen. Het werkte zo verslavend dat er in de loop van de dag 120 berichtjes ver-

schenen. Journalist Jan Claeys ontdekte het getwitter en schreef 's anderendaags in De Standaard *en* Het Nieuwsblad *dat de eerste conference op Twitter geboren was. Hij bedacht de prachtige term 'Twitterconference'.*

Een greep uit de tweets:

Om 8u30 gaan stemmen. Op het scherm van de stemcomputer waren er al slijtagevlekken op het vakje van NVA.

Zag net Stijn Meuris uit het stemlokaal komen!

Twitter Overcapacity? Bericht aan de rest van de wereld. Stop met twitteren. Het zijn onze verkiezingen. Morgen mogen jullie weer.

Vreemd verkiezingsprogramma deze morgen op VTM. Maar oké, volgende keer ga ik stemmen met een Smart Pen.

Problemen met stemcomputers in Overijse. Straks wil Milquet die gemeente niet meer in haar corridor!

Vaststelling: Dany Verstraeten en Patrick Dewael hebben dezelfde kapper en gel.

Bruno Tobback heeft bespaard op sokken. Hij is gaan stemmen op zijn sandalen.

Wanneer verschijnen de eerste beelden van een zwetende Dedecker?

Vaststelling: ook Elio Di Rupo en Marianne Thyssen hebben dezelfde kapper.

Als er in België een politieke aardverschuiving komt, volgt er dan een tsunamiwaarschuwing voor de rest van Europa?

Alejandro Decroo: 'Het heeft een hele tijd geduurd om de partij een nieuwe wind te geven.' !?

Vaststelling: Bruno Tobback en de vrouw van Frank Vandenbroucke gingen stemmen met dezelfde sandalen.

Zou Wouter Van Besien (GROEN!) nu naar *Groene Vingers* op VTM zitten te kijken of toch naar Eén?

Verspilling? Besparing? Weinig landen in de wereld die zoveel profijt halen uit stemcomputers. Goede investering gebleken.

Het wordt verwarrend. 43,7% jeugdwerkloosheid in Molenbeek: is dat een stembusuitslag of nog prognose?

Grafieken VRT. Hoeveel kleuren geel bestaan er eigenlijk?

De uren van 'koffiedik kijken' zijn voorbij. Nu 'landen de cijfers' en wordt het tijd dat er 'stekkers worden uitgetrokken'.

'De tsunami van de NVA': nog zo'n nieuwe uitdrukking. In dit geval is tsunami eerder een nieuwe snack uit de frituur.

Het haar van Sofie Demeyer (VRT) ziet eruit zoals Anne De Baetzelier zich voelt.

De zaal van NVA is nu al te klein... en dan moet De Wever er nog in!

In afwachting dat hij mag reageren van de partijleiding interviewt Siegfried Bracke zichzelf thuis in de badkamer.

Ik ben eruit. De humor van De Wever en de overwinning van de PS: Michel Daerden wordt de nieuwe premier.

Nu we het toch over stekkers uittrekken hebben. Wil er iemand de stekker uit Mark Eyskens trekken aub?

En toch heeft Willem-Frederik Schiltz meer het uiterlijk om GROEN! te leiden.

PVDA één zetel in Luik. Dat is van zatte kiezers die voor Daerden wilden stemmen, maar zich van bolletje vergisten.

Wouter Van Besien (GROEN!) zal eindelijk nieuwe kleren kunnen kopen (of deze die hij al de hele campagne draagt laten wassen).

GROEN! is voor een warm Vlaanderen. En in hun folder waren ze tegen de opwarming.

Vorige keer stond de CD&V op tafel... nu eronder gaan liggen?

Bourgeois ook met roze das. Nog een signaal aan Di Rupo.

De Wever zal nogal schrikken als hij straks merkt dat Di Rupo geen Latijn spreekt...

De Wever: 'Vanaf nu worden er bruggen gebouwd.' Dan toch een Lange Wapper?

Er wandelt een eenzame ex-premier door de gangen... geen bodyguards, geen supporters, geen fans, geen haiku, niets...

En iedere keer dat Siegfried spreekt over een duidelijk signaal, zit er storing op de lijn!

De politici van CD&V klinken een beetje zoals de directie van BP.

Bij elke Vlaamse koers of waspoederreclame zijn er een miss en bloemen bij een overwinning. Was er dan niemand om Bart De Wever te zoenen?

Het scheelde niks of Di Rupo mocht langer spreken op VRT dan ik tijdens mijn conference!

Oplossingen: Verherstraeten en Torfs kunnen toch samen op één CD&V-zetel?

En met welke woorden zal Bart De Wever straks in slaap vallen? 'Dos Cervezas por favor!'

Nachtlawaai: we mogen blij zijn dat het symbool van NVA een leeuwenvlag is en niet een vuvuzela!

Inge Vervotte wandelt eenzaam door de VRT-gangen... geen bodyguards, geen supporters, geen fans, geen haiku's, niets...

De Wever formateur? Wedden dat de koning onderzoekt of hij 'de onmogelijkheid om te regeren' kan inroepen.

Zou Bart De Wever al de tijd gevonden hebben om iets te eten?

CD&V wil praten over regeringsdeelname. Oef, De Crem blijft misschien minister! Ik ben nog niet werkloos.

Hoe later op de avond hoe meer wenkbrauwen Christophe Deborsu krijgt. Ik tel er al vier.

Om in de stijl te blijven: Ik trek de stekker eruit en trek me terug om, weg van de camera's, een programma te maken waarmee ik naar het publiek kan gaan.

Op hotel met Joëlle

Soms kan ik verlangen, naar Martine... Tanghe
kijk ik uit, naar Sigrid... Spruyt
Ben ik vol, van Birgit Van... Mol
Zeg ik kom ne keer hiere, tegen Phara De... Aguirre

Soms raak ik van streek, van Lynn... Wesenbeek
zou ik overwerken voor Catherine Moerkerke
droom ik van gestoei, met Goedele Devroey,
of van iets zachters, met Goedele Wachters

 Men zegt wel: nood breekt wet –
 maar non, neen, njet
 ik ga niet naar bed, met Joëlle Milquet
 ... niet naar bed, met Joëlle Milquet

Zuster Monica, Hermans Margriet
Celie Dehaene, waarom ook niet
zelfs met de vrouw van Etienne Schouppe
zou ik kunnen...

Een zoen in de nek, van Annelies Beck,
Iets licht en frivools, van Kathleen Cools,
Als ik het wil rekken, vraag ik Marleen Van Hecke
Wil ik het wilder, dan is er Wim De Vilder

    Men zegt wel: nood breekt wet,
    maar non, neen, njet
    ik ga niet naar bed, met Joëlle Milquet
    ... niet naar bed, met Joëlle Milquet

Als ik uit wil pakken, strik ik Siegfried Bracke,
Bovenop een ladder met Ivan De Vadder
In een kom saus, met Jan Becaus
Ik zou zelfs Koen Crucke, samen met Di Rupo

Maar splitst ze BHV, dan ga ik met haar mee
zing ik voor haar balkon, dag en nacht de Brabançonne
tot die tijd, zeg ik thuis tegen mijn geit...
ik ga niet naar bed, met Joëlle Milquet

Marine (prinselijke parodie op Marina)

De aankoop van de zetels en de kasten
Daar wilden ze de prins niet mee belasten
en ook de verf, de lijm, 't behang, de kwasten
het sanitair, het bad en zijn bureau.

het kostte zo'n 300.000 ballen
geen reden om hem daar op aan te vallen
ze wilden zijn geluk niet verknallen
en maakten van zijn villa een chateau

marine, marine, marine
De Belgische zeemacht staat klaar
marine, marine, marine
altijd royaal in het gebaar

De hulp van de matrozen
vertelt men zonder blozen
had de prins niet zelf gekozen
Oh no no no no no

Hijzelf is zo integer
als een mijnenveger
kapitein in 't Belgische leger
le king de son bateau

Gelukkig werd de prins niet opgesloten
moest hij het dek niet schrobben van de boten
hij kreeg wel van Albert onder zijn...
en voor de rest bleef alles zo zo zo

**marine, marine, marine
De Belgische zeemacht staat klaar
marine, marine, marine
altijd royaal in het gebaar**

De hulp van de matrozen
vertelt men zonder blozen
had de prins niet zelf gekozen
Oh no no no no no

de fraude rond de villa
de villa Clementina
met de hulp van de marine
werd niet zijn Waterloo.

marine, marine, marine
De Belgische zeemacht staat klaar
marine, marine, marine
altijd royaal in het gebaar

marine, marine, marine
marine, marine, marine

De Van Rompuypuist

Een gedicht – dat tegen – de goede smaak – indrui-druist
Over de – Van Rompuypuist, de Van Rompuypuist

Niemand in de hele wereld heeft een premier
die de crisis aanpakt met een tache de beauté
Geen zesenvijftig sterretjes, op je oog en wang
maar een knoert van een joekel voor het staatsbelang.

Een blaar, een blein, een bluts, een bubbel, of een bult
Het zit er gewoon, en treft geen enkele schuld.
furunkel of karbunkel, gewen of gezwel.
het brengt niemand schade, en wennen doet het snel

Verhofstadt een konijn, Dehaene een buffel
Herman Van Rompuy, een onderhuidse truffel.
Premier Berlusconi bestuurt met zijn bobbel
Herman pitst een haiku, uit zijn talenknobbel

Het is niet echt dood vlees, doch leven doet het niet.
zo recht in zijn gezicht, een vleeskleurige tiet
een wonder der natuur, daar op zijn lekkerbek
Het is niet echt een pukkel, maar een moedervlek,

De Van Rompuypuist heet, verdomd als het niet waar is
in het Latijn: naevus naevocellularis
De helaasheid der dingen van die ene krent
werd de rustige vastheid van een president

Een lofdicht – dat tegen – de goede smaak – indrui-druist
Leve de Van Rompuypuist, de Van Rompuypuist

Lullig liedje voor Ignace Crombé

Hij doe het voor de meisjes, trakteert hen op reisjes
en alle Vlaamse meisjes, willen weg ermee
Hij doet het voor de meisjes, trakteert hen op reisjes
en alle Vlaamse meisjes, willen weg ermee

refrein: weg ermee, weg ermee,
weg met Ignace Crombé
weg ermee weg ermee
weg met Ignace Crombé

Hij doet het voor de meisjes, hij slaat ze bont en blauw
en ondanks een pv, komt hij weg ermee
Omdat hij van haar houdt, slaat hij haar bont en blauw
en ondanks een pv, komt hij weg ermee

weg ermee, weg ermee,
Weg met Ignace Crombé
weg ermee weg ermee
weg met Ignace Crombé

147

Hij is zo heel erg ijdel, die Ignace Crombé
Als hij dit liedje hoort, zingt hij zelfs ermee mee
Hij is zo heel erg ijdel, die Ignace Crombé
Als hij dit liedje hoort, zingt hij zelfs ermee mee

weg ermee, weg ermee,
Weg met Ignace Crombé
weg ermee, weg ermee
weg met Ignace Crombé